21世纪国外政党政治研究

理论、前沿与情势

张春满 著

FOREIGN PARTY POLITICS RESEARCH IN THE 21ST CENTURY: THEORIES, FRONTIERS AND TRENDS

复旦大学出版社

自　序

如果一群人团结在一起,根据他们彼此同意的特别原则,通过共同的努力而推进实现国家利益,你会把这群人称作什么?英国政治理论家埃德蒙·柏克(Edmund Burke)把这些人团结在一起形成的组织叫作政党。在18世纪,政党还仅仅是英国一国的政治特产。而在接下来的两个世纪,政党已经成为世界各国政治生活中不可或缺的组织。

政党能够从西欧一隅走向世界各国,说明政党的出现和发展符合世界潮流的前进方向。政党的出现伴随着西方资本主义工业革命的兴起和政府向公民赋权的开始。政党发展的高峰标志着资本主义发展到了更高的阶段和公民权利的不断充盈。今天,尽管在西方部分国家出现了政党衰落的迹象,但是政党在政治生活中的作用依然不可替代。无论是在国际层面、国家层面,还是在地区层面和地方层面(甚至在社区),政党的影子无所不在。从英国伦敦到印度新德里,从南非开普敦到加拿大渥太华,从坦桑尼亚多多马到巴西圣保罗,政党的领导人及其成员无一不在左右着这些国家的命运。

在21世纪的今天,加强对国外政党政治的研究正逢其时。首先,政党政治是政治学领域的重要研究方向。自柏克已降,政党政治领域的研究成果不断涌现,丰富了我们对政党的理论认识。然而,这些成果中的大部分都是由西方学者完成的。这些成果或多或少都受到欧洲中心论的影响,以欧美的视角来审视全球的政党。尽管中国学者对国外政党政治的研究在逐渐增多,但是与西方学者的成果比起来,我们还有一定差距。其次,比较政治学在中国正处于蓄势待发的发展状态。建构具有中国特色的比较政治学具有重要的理论和现实意义。对国外政党政治的研究是建构中国特色比较政治学的重要组成部分。我们需要从国外政党政治研究中得到新的理论发现、启发和借鉴。最后,我国推行的"一带一路"倡议要求我们加强对国外党情的了解。中国的崛起是21世纪最为重大的事件之一。在我国快速发展的同时,对其他国家的国情、民情、党情的了解需求也在快速增长。其中,其他国家的党情状况一直是我国学界的一块短板,亟须加强了解和研究。本书从理论、前沿和情势三个方面分析国外政党政治,希望能够激发读者对21世纪国外政党政治的关注和研究。

　　在目前出版的政党政治研究的综合性著作中,比较有代表性的成果主要有:国内学者王长江的《政党论》、郭定平的《政党与政府》、周淑真的《政党和政党制度比较研究》,以及柴宝勇的《政党政治的概念、框架与实践——建构有中国特色的政党政治》;国外学者乔万尼·萨托利(Giovanni Sartori)的《政党和政党体制:一个分析框架》(*Parties and Party Systems: A Framework for Analysis*)、安格鲁·帕尼比昂科(Angelo Panebianco)的《政党:组织与权力》(*Political Party: Organization and Power*),以及理查德·卡茨(Richard Katz)的《政党和选举制度理论》(*A Theory of Parties and Electoral Systems*)等。

本书的写作得益于这些代表性成果,且与上述著作相比,本书的主要特点及创新之处包括如下几个方面。第一,出于对国内外同类著作的尊重并避免重复,本书在经典理论的发展和前沿议题的选择上并没有面面俱到,而是突出了重点和与现实的关联性。第二,本书从理论、前沿和情势三个方面试图为国外的政党政治研究提供一个更加丰富和立体的认识。这个"三位一体"的视角能够满足不同读者的多样化需求。第三,本书吸纳了关于国外政党政治研究的最新国内外成果,尤其借鉴和总结了很多英文文献的前沿成果。最后,本书介绍了国外100多个国家的政党状况,进而分析了其发展趋势,这些比较完备的资料有助于读者开展进一步的研究。

全书由三部分构成,共十二章。

本书的第一部分聚焦西方政党政治的经典理论及其发展。在国外政党政治研究中,西方的政党理论和范式仍然占据最为重要的位置。不了解这些经典理论及其最新进展,我们就不能深入地对国外的政党现象进行理论透视和分析。掌握这些经典理论及其当代发展对于我们开展国外政党政治研究大有裨益。

本书的第二部分转向对国外政党政治前沿问题的讨论。对于前沿议题的选择,这一部分把重点放在四个问题上。第一个是党员规模与党群机制再造问题。第二个是政党、选举与新技术革命问题。第三个是政党政治的极端化问题。第四个是反思欧洲中心论下的政党研究问题。

本书的第一和第二部分主要涉及西方政党政治的经典理论和前沿议题。在第三部分，我们将在理论和前沿的基础上开展地区情势的介绍和分析。如果说前两个部分是本书的理论内核，那么这一部分则是本书的政策意蕴。通过分析政党政治在欧洲、美洲、亚洲和非洲的发展历程和态势，本书将致力于探索政党政治的国家和地区情势，从而实现理论与现实的统一和互鉴。

本书的部分内容曾经刊发于《中国政治学年度评论》、《南开学报》（哲学社会科学版）、《经济社会体制比较》和《社会主义研究》等刊物。我在这些论文的基础上进行了较大范围和程度的修改。

本书得以出版，需要感谢的人很多。我于2011年本科毕业之后即出国留学，国内外诸多学术前辈、同仁、朋友对我帮助颇多，他们也为本书的写作提供了大量的建议和启发。我的硕士生导师肖逸夫（Yves Tiberghien）教授和博士生导师蔡欣怡（Kellee Tsai）教授一直非常关心我的学术成长。美国约翰·霍普金斯大学的郑艾琳（Erin Chung）教授作为我的博士论文指导老师之一，为我的学术研究付出了很多心血。理查德·卡茨（Richard Katz）教授是我在约翰·霍普金斯大学的博士论文指导老师之一。他研究政党政治几十年，硕果累累，令人惊叹。作为他从教几十年招收的唯一中国弟子，我既感到荣幸又很惶恐。复旦大学出版社的孙程姣女士为本书的顺利出版提供了专业的指导和极大的帮助。我的两位研究助理王震宇和张雨晴在资料搜集上提供了宝贵的协助。我的工作单位复旦大学社会科学高等研究院(复旦高研院)是我能想到的最理想的治学之地。院长郭苏建教授不仅学问一流,而且对年轻学者关怀备至。与复旦高研院顾肃教授、刘清平教授、贺东航教授、孙国东教授、林曦副教授、王中原博士、顾燕峰博士、覃璇博士的交流使我受益匪浅,谨在此向各位同事表示感谢。

此外,学术写作耗费大量的时间,工作的时间多了,留给家庭的时间就少了。这本书的筹划、准备、写作和完稿正好见证了我与我太太从相遇到步入婚姻殿堂的全过程。坦白讲,我不得不牺牲很多与她相伴相守的时间来从事学术写作。与此同时,我对父亲和母亲也有亏欠,因为我陪伴他们的时间更是少之又少。在此深深地感谢爱人和家人的理解与支持。

我虽然学习政党政治多年,但是深感学力浅薄,在写作过程中愈发感到治学之艰辛。由于本人能力和精力的限制,本书难免还存在很多遗漏甚至错误之处,希望学界同仁能够将其指出,助我进步,以图日后改进。拙著虽然高见匮乏,但是表明了我在政党研究道路上孜孜追求的心迹,希望能够对读者学习和理解21世纪的国外政党政治有些许帮助。

张春满

2019 年 7 月 25 日

于复旦大学光华楼

目 录

第一部分　西方政党政治的经典理论及其发展

3／第一章　政党的概念
　　3／第一节　欧洲中心论下的政党概念
　　15／第二节　政党概念的发展与挑战
　　25／第三节　21世纪的政党概念能否超越欧洲中心论？

27／第二章　政党的模式
　　28／第一节　精英型政党
　　29／第二节　群众型政党
　　33／第三节　全方位政党
　　36／第四节　卡特尔政党
　　40／第五节　公司企业型政党
　　42／第六节　政党模式的终结？

44／第三章　政党体制
　　44／第一节　早期的政党体制研究
　　50／第二节　新制度主义在政治学研究中的兴起

60 / 第三节 新制度主义影响下的政党体制研究

64 / 第四章 政党建设
64 / 第一节 政党与西方的民主体制
68 / 第二节 从党外民主到党内民主
71 / 第三节 西方党内民主的理论
76 / 第四节 政党资金
80 / 第五节 政党形象

第二部分 国外政党政治的前沿议题

87 / 第五章 党员规模与党群机制再造
87 / 第一节 历史视域中的政党危机
90 / 第二节 党员锐减成为新的政党危机？
104 / 第三节 党群机制如何再造？

108 / 第六章 政党、选举与新技术革命
108 / 第一节 21世纪的新技术革命：从互联网到人工智能
113 / 第二节 人工智能与国家治理变革
121 / 第三节 新技术革命冲击下的政党与选举

127 / 第七章 政党政治的极端化
128 / 第一节 历史视域中的政党极端化
129 / 第二节 21世纪的政党极端化：原因
135 / 第三节 21世纪的政党极端化：表现

141 / 第四节　21世纪的政党极端化：影响
144 / 第五节　作为常态的极端化？

146 / **第八章　反思欧洲中心论下的政党研究**
147 / 第一节　欧洲中心论下政党研究的缺憾
155 / 第二节　西方政党政治研究的理论反思
160 / 第三节　广义的政党理论何以可能？

第三部分　政党政治的地区情势

168 / **第九章　欧洲政党政治的地区情势**
168 / 第一节　西欧政党政治的地区情势
181 / 第二节　北欧政党政治的地区情势
185 / 第三节　南欧政党政治的地区情势
189 / 第四节　中、东欧政党政治的地区情势

200 / **第十章　美洲政党政治的地区情势**
200 / 第一节　北美政党政治的地区情势
204 / 第二节　中美洲政党政治的地区情势
214 / 第三节　南美洲政党政治的地区情势

222 / **第十一章　亚洲政党政治的地区情势**
222 / 第一节　东亚政党政治的地区情势
227 / 第二节　东南亚政党政治的地区情势
236 / 第三节　西亚政党政治的地区情势
243 / 第四节　南亚政党政治的地区情势

248 / 第五节　中亚政党政治的地区情势

251 / 第十二章　非洲政党政治的地区情势
    251 / 第一节　北非政党政治的地区情势
    255 / 第二节　东非政党政治的地区情势
    258 / 第三节　西非政党政治的地区情势
    263 / 第四节　中非政党政治的地区情势
    265 / 第五节　南非政党政治的地区情势

270 / 主要参考文献

第一部分

西方政党政治的经典理论及其发展

本部分聚焦西方政党政治的经典理论及其当代发展。在国外政党政治研究中,西方的政党理论和范式仍然占据着最为重要的位置。不了解这些经典理论及其最新进展,我们就不能深入地对国外的政党现象进行理论透视和分析。

经过两百多年的发展,西方政党政治的研究成果已然非常丰富。其中,经典的理论包括政党的概念、政党的模式、政党的意识形态、政党的体制、政党与选举的关系、政党与民主的关系,等等。囿于篇幅,本书不能穷尽所有的经典理论。基于本书的写作目的,本部分择取了政党的概念、政党的模式、政党体制和政党建设四个经典理论议题。在本部分,各章不仅简要地梳理了这些经典理论的发展,更介绍了这些理论发展的最新进展。

第一章 政党的概念

现代政党和政党政治均起源于西欧。西欧的政治实践赋予了政党特定的内涵和外延。欧洲中心论下的政党概念延续两百多年之后,尽管依然是学术界的主流概念范式,但是也面临着来自西欧内部政党实践发展和非西方世界的双重挑战。通过考察政党概念的发展演变历程,我们能够对今天的政党政治获得诸多启示。

第一节 欧洲中心论下的政党概念

社会科学的研究往往是从对研究对象进行准确的概念定义开始。对概念进行研究本身也是政治科学的一个重要研究领域[①]。政党政治研究首先要从政党的概念出发。尽管政党在世界政治舞台上已经活跃了几百年,但是对于如何为政党作出一个准确的定义却迟迟未能完成。对此,约翰·怀特

---

① 这方面的经典研究请参考:Gary Goertz, *Social Science Concepts: A User's Guide*, Princeton University Press, 2006; Giovanni Sartori, "Concept Misformation in Comparative Politics", *American Political Science Review*, 1970, 64(4), pp.1033-1053。

(John White)说道:"对于如何定义政党和政党应该具有何种功能,我们很难客观地做出讨论。这些是规范性的问题,而且政治学家给出的答案也随着时间而改变。"①

一、早期的政党概念

政党政治学者普遍认为政党来源于派系。派系斗争具有悠久的历史,但是政党的出现则要晚得多。对于政党为何会出现,我们可以从词源方面进行一点考据。政党的英文单词party 在拉丁文中的根源是 partire,它的意思是分开。政党具有分开的意思从单词 party 的词汇构成中也可以发现,party 这个词去掉词尾的字母 y,就变成了 part。而 part 的意思就是部分或者分开。今天的政治学者普遍认为政党的存在是为了把社会这个整体分开。政党在西欧的出现就是社会分化的一个自然结果。这种带有明显的社会中心主义的观点与早期的政党概念是不一致的。现代政党最早是在英国产生,早期的政党概念也来自英国学者。他们为政党所下的定义或者思考政党的起点是国家中心主义。

虽然英国学者大卫·休谟(David Hume)未曾对政党下过严谨的定义。但是今天的研究发现,休谟认为政党是宪政模式政府的自然产物,政党随着政府内部狭隘情绪和利益分野的增长而出现②。与休谟同世纪的英国著名的政治家和保

---

① John White,"What is A Political Party", in Richard Katz and William Crotty, eds., *Handbook of Party Politics*, Sage, 2006, p.6.
② Joel E. Landis,"Whither Parties? Hume on Partisanship and Political Legitimacy", *American Political Science Review*, 2018, 112(2), p.224.

守主义理论家埃德蒙·柏克为政党所下的定义至今仍有影响。他认为,政党就是一群人团结在一起,根据他们彼此同意的特别原则,通过共同的努力而推进实现国家利益①。他的定义在内涵和外延上都比较模糊。并且因为柏克曾经担任过英国辉格党(the Whig Party)的国会议员,所以一些人认为柏克的定义并不具有普遍意义,只是为了对18世纪的辉格党进行理论辩护。虽然柏克的定义不具有普遍意义,但是仍然值得我们重视,因为他至少为某一种类型的政党提供了一个规范意义上的政党标准。这一点还是需要我们积极肯定的,这也解释了为什么至今政党政治研究者都比较重视柏克的这个定义。

在大西洋的另一侧,现代政党也开始在美利坚的土地上生根发芽。有趣的是,包括美国的国父乔治·华盛顿(George Washington)在内的建国一代人对政党是比较反感的。在他们眼中,政党就等于派系,因为派系是以追求私利为目的,所以政党会给这个新生的国家带来混乱。既然早期的美国领导人把政党等同于派系,那么了解什么是派系就对了解什么是政党有所帮助。詹姆斯·麦迪逊(James Madison)在《联邦党人文集》中曾经为派系下过定义:派系就是一群公民,不管是整个社会的多数还是少数,他们被普遍的一些激情冲动或者利益所驱使而团结一致地对其他公民的权利构成伤害,或者是对整个群体永恒的和共同的利益构

---

① Edmund Burke, "Thoughts on the Cause of the Present Discontents", in Paul Langford, ed., *The Writings and Speeches of Edmund Burke*, Clarendon Press, 1981, p.317.

成伤害①。从这个定义中可以看出,麦迪逊和美国的联邦党人是非常厌恶派系的,他们认为派系或者政党的存在会伤害公民的利益,也就进而损害了这个新生国家的整体利益。需要指出的是,麦迪逊所指的激情和利益是特定背景下的激情和利益,他们都与选举相关,不是泛指的激情和利益。有些学者认为,这对于后来美国学界对于政党的认识产生了比较重要的影响②。因为国父华盛顿对政党的不满搞得几乎人尽皆知,所以有学者甚至以"华盛顿的梦魇"作为讨论美国政党的书籍标题③。但是在政党的命运上,美国历史发展中最为诡奇的一幕很快就发生了。

尽管党派政治的初始声誉并不好,美国在19世纪还是发展出具有现代意义的政党体制。需要说明的是,尽管美国和英国一样是产生了两党制,但是政党在两个国家所发挥的作用却存在很大的区别。因为这些区别的存在,美国人对于政党的定义也与英国的政党定义不一样。美国学者安森·莫斯(Anson Morse)在1896年发表了一篇论文对政党进行过界定。他认为,政党是一个持久的组织。在最简单的意义上来讲,它是由一群被共同原则所团结起来的公民组成的。在更加复杂的意义上讲,它是由两个或者更多这种类似的被共同的政策所松散地结合在一起的团体组成的。他们所追

---

① Alexander Hamilton, James Madison and John Jay, *The Federalist Papers*, Oxford University Press, 2008, p.56.
② Gerald Pomper, "Concepts of Political Parties", *Journal of Theoretical Politics*, 1992, 4(2), p.145.
③ B. Scott Christmas, *Washington's Nightmare: A Brief History of American Political Parties*, Independently Published, 2017.

求的不是全体国民而是一个他们所代表的特殊群体或者多个群体的利益和观念的实现①。莫斯对政党的定义既强调了原则的重要性,也强调了政策的重要性。而他对原则的强调与19世纪早期美国领导人对政党认识的转变有关。前文已经提到,美国建国一代领导人是对政党持有负面偏见的,但是到了19世纪三四十年代,对政党的正面评价在国家领导人层面开始出现。例如,美国第八任总统马丁·范布伦(Martin Van Buren)就认为,当政党是根据一些原则而组织起来的时候,他们就能够发挥出公共服务的重要作用②。如果把英国和美国进行比较,我们会发现,英国的政党概念对原则的强调更加浓厚,而美国的政党概念更加强调政策意义。这样的区别在今天的英美两国也依然能被感受到。

二、20世纪的政党概念

政党的概念得到真正系统性的研究是20世纪的事情。随着西方民主在20世纪向全世界的扩展,政党在非西方国家纷纷兴起。也就是说,如果在19世纪政党只是部分西方国家的特殊政治产物,那么到了20世纪政党则变成了整个国际社会中普遍性的政治主体。在这种情况下,对政党概念开展系统性的研究就成了学界的当务之急。下面我们列举部分著名学者和公众人物为政党所下的定义。

在政治学的经典著作《民主的经济理论》一书中,美国著

---

① Anson D. Morse, "What Is A Party", *Political Science Quarterly*, 1896, 11(1), p.68.
② Martin P. Wattenberg, *The Rise of Candidate-Centered Politics*, Harvard University Press, 1991, p.100.

名学者安东尼·唐斯(Anthony Downs)写道:"从最广泛的意义上来讲,一个政党就是一群人组成一个联盟,以此来通过法律手段控制管理机构。"① 这里的管理机构毫无疑问是指代国家机关的各个部门,而他强调的法律手段是指具有合法性的手段。另外一位对政党的概念研究作出奠基性贡献的美国学者是著名的政治学家沃尔德马·基(Valdimer Key)。基的创新之处在于在学术界正式提出了一个"三位一体"的政党概念。他把政党定义为"三位一体互动体制"(tripartite systems of interaction)。政党是怎样的三位一体呢?他提出了"选民中的政党,作为组织的政党和政府中的政党"三个视野②。选民中的政党是指政党的存在依赖于选民认为自己是某个党派的党员。作为组织的政党是指政党的存在依赖于使它保持运行的领导、官员、职员和预算。政府中的政党是指政党的存在依赖于政府中的官员认为自己是某个党派的党员。基的这个政党概念对后来包括理查德·卡茨在内的诸多政党政治学者产生了很大影响。这个概念鲜明地指出了政党的活动内容,因此被弗兰克·索拉夫(Frank Sorauf)写进了他的美国政党教科书③。但是这个概念在理论

---

① Anthony Downs, *An Economic Theory of Democracy*, Harper, 1957, pp.24-25.

② 参见 Valdimer Key, *Politics, Parties, and Pressure Groups*, Crowell, 1964, p.164。事实上,最早提出"三位一体"概念的是拉夫·古德曼(Ralph Goldman),他在芝加哥大学完成的博士论文中最早提出了这个概念,后来这个概念被基发扬光大。

③ Frank Joseph Sorauf, *Political Parties in the American System*, Little & Brown, 1964.这本教科书在美国政治学界知名度非常高,几代美国学生都用这本书来理解美国的政党。

的效度方面存在问题。吉拉德·波姆珀(Gerald Pomper)提出,这个"三位一体"中的三个部分是彼此混淆的,相互之间的界限并不是非常清晰①。

总体来说,美国的学者往往倾向于把政党与赢得选举紧密地联系在一起。例如,约瑟夫·史莱辛格(Joseph Schlesinger)认为,一个政党就是组织起来的一个团体,他们以团体的形式赢得公共职位的选举从而控制政府②。同理,列昂·爱泼斯坦(Leon Epstein)也认为理解政党必须从选举开始。他认为,任何一个团体,不管它的组织是多么的松散,只要它在一个给定的名称下试图选出政府的掌管者,那么它就是政党③。这种功能主义导向的政党概念在美国居于主流地位,因为在美国的政治生活中,政党的作用主要是服务于美国的选举。甚至很多人认为,政党在美国的存在就是履行选举机器的作用。比较有趣的是,美国的一些总统在谈到政党的时候反而很注意强调选举之外的政党意义。例如,罗纳德·里根(Ronald Regan)说,政党是一群人结合在一起,因为他们对于政府是什么有共同的认知④。在 1913 年,美国著名学者也是美利坚第 28 任总统伍德罗·威尔逊(Woodrow Wilson)说:

---

① Gerald Pomper, "Concepts of Political Parties", *Journal of Theoretical Politics*, 1992, 4(2), p.145.
② Joseph Schlesinger, *Political Parties and the Winning of Office*, University of Michigan Press, 1991.
③ Leon Epstein, *Political Parties in Western Democracies*, Transaction Publishers, 1979, p.9.
④ Hugh Sidey, "A Conversation with Reagan", *Time*, September 3, 1984.

"大家要明确国家现在需要民主党站出来的目的。国家需要民主党在它的计划中和视野中带来一种改变……我们的责任是在不损害好的地方的同时来净化、重新思考、重建和修正错误的地方。我们的责任是对公共生活的每一个部分进行净化和人道主义浸染,而不是削弱公共生活或者使它变得非常感情用事。"①

当然,提到政党研究尤其是政党的概念,我们绝对不能忽视的就是乔万尼·萨托利对政党的认识。在《政党和政党体制》这本经典著作中,萨托利没有给政党提供一个简洁的定义,但是他着重强调了政党的三个方面。第一,政党不是派系。政党虽然发源于派系,但是政党必须是超越派系的,萨托利此举是为了给政党正名,指出政党并不是像派系那么狭隘地固执地关注自己的小集团利益。第二,政党是整体的部分。这就是说,政党是代表整体的部分,它试图通过服务整体的一部分来进而服务整个总体。这与仅仅代表社会中一部分的利益是完全不同的。第三,政党是表达的渠道。政党在现代政治中有多重功能(例如代表功能和动员功能),但是萨托利最为看重的是政党作为表达渠道的功能②。尽管萨托利没有为政党提供一个精简的概念,但是他对政党的定义具有重要的理论和现实意义。尤其是在当前部分国家的政党出现明显的

---

① Woodrow Wilson, "First Inaugural Address", in Committee on Inaugural Ceremonies, *US Inaugural Addresss of the Presidents of the United States*, Government Printing Office, 1989, p.228.
② Giovanni Sartori, *Parties and Party Systems: A Framework for Analysis*, ECPR Press, 2005, pp.22-24.

派系倾向的时候,牢记萨托利对政党的认识能够让我们更好地看清问题的根源和解决的路径。

在为政党下定义的时候,另外一个思考路径是努力甄别政党与其他组织的区别。政党不是公司,不是智库,不是大学里的兄弟会,也不是游说组织。对此,约瑟夫·拉帕洛巴拉(Joseph LaPalombara)和杰弗里·安德森(Jeffrey Anderson)认为,不能以名字来判定一个组织是否为政党。有些组织声称自己是政党组织,但是他们并不是。有些组织没有在自己的名称中加入政党一词,但是他们是事实上的政党。拉帕洛巴拉和安德森认为,一个组织符合政党的条件有三:政党的存在时间要比它的创造者的生命要长;在组织意义上,它必须在基层和国家两个层面都有活动;它必须通过在选举中的竞争意图占据政府的主要部门,并且通过联合其他政党或者依靠自己行使权力[1]。另一个从组织的角度对政党进行理论建构的著名学者是约瑟夫·史莱辛格。史莱辛格强调,政党的特征来自三个组织方面特性的结合。第一,政党是通过市场交换来维持自身,这一点让它与企业很像,却与利益集团和公共部门非常不同;第二,政党的产出包括很多公共品,这一点让它与利益集团和公共部门很像,却与企业不同;第三,政党用间接的方式来补偿自己的参与,这一点让它与利益集团很像,与企业和公共部门不同[2]。因为这些独特的组织特

---

[1] Joseph LaPalombara and Jeffrey Anderson, "Political Parties", in Mary Hawkesworth and Maurice Kogan, eds., *Encyclopedia of Government and Politics*, Routledge, 2003, pp.381-398.

[2] Joseph A. Schlesinger, "On the Theory of Party Organization", *The Journal of Politics*, 1984, 46(2), pp.369-400.

性,我们可以把政党与一些类似的组织区别开来。

虽然很多时候我们比较关注英美学者对政党的定义,但是非英美政治学者的定义也值得我们关注。上文提到了萨托利的政党定义,萨托利本人是意大利学者。此外,意大利博洛尼亚大学教授安格鲁·帕尼比昂科(Angelo Panebianco)认为,政党不是政党体制的基本单位,而是复杂的组织,我们必须从组织复杂性的角度才能深刻理解政党及其成员①。德裔意大利籍学者罗伯特·米歇尔斯(Robert Michels)尽管没有给政党提供一个清晰简洁的定义。但是在他的著作中,他提到政党必须向民主保持倾向性,政党必须建立在多数人的基础之上,而且必须与群众在一起②。摩西·奥斯托洛格尔斯基(Moisei Ostrogorsky)是俄国的著名学者,他曾经在美国和英国学习多年,后来用法文发表了政党研究的名著《民主和政党的组织》。他对政党的认识可以从下面一段话中体现出来:

> "面对那些现在的和将来的各种亟待解决的问题,作为一个广义的承包者角色的政党势必会让位于专注解决特定问题的特别组织。政党不会再是一个被虚幻的协议所组织起来的一群人和一些团体。它会变成一个由单一目标而同质化的结合体。政党也不会像老虎钳一样紧紧

---

① Angelo Panebianco, *Political Parties: Organization and Power*, translated by Marc Silver, Cambridge University Press, 1988.
② Robert Michels, *Political Parties: A Sociological Study of the Oligarchical Tendencies of Modern Democracy*, translated by Eden Paul and Cedar Paul, Batoche Books, 2001, p.8.

地把控党员,而是会根据生活中问题的变化和意见的转变而自动组合和重新组合。"①

列宁对于政党的理解显然与英美的学者截然不同。列宁认为,随着越来越多的群众投入到斗争之中而形成了运动的基础,一个组织的出现就变得非常必要了,而且这个组织要保持稳定②。很明显,列宁对于政党是有特别的期待的,是从革命的实践出发的。我们往往把列宁所塑造的政党称为先锋队政党,先锋队本身就是带有一种意义和精神的表现。

政党的定义如此之多,不免使得很多研究者感到有些迷茫。能否对这些政党的定义进行一些比较和总结?在这方面,吉拉德·波姆珀作出了重要的理论贡献。他从模式(mode)、目标(goals)和导向(focus)三个方面为很多政党定义找到了自己的谱系坐标(见表1-1)。他认为,柏克和威尔逊所定义的政党是属于掌权的党团(governing cancus),这类政党与《联邦党人文集》中所期待的政党也是相似的。而政策倡议(cause advocate)型的政党比较符合政治学家奥斯托洛格尔斯基的认识。列宁的政党定义可以被归为意识形态群体,而美国不断出现的第三党属于社会运动类别③。

---

① Moisei Ostrogorski, *Democracy and the Organization of Political Parties*, Macmillan, 1902, p.356.
② Vladimir Ilich Lenin, *What Is to Be Done?* Foreign Language Press, 1973, pp.96-115.
③ Gerald Pomper, "Concepts of Political Parties", *Journal of Theoretical Politics*, 1992, 4(2), p.151.

表 1-1　政党诸概念

模式	集体的目标		联合的目标	
	工具性	意义表现性	工具性	意义表现性
精英导向	掌权的党团	意识形态群体	官僚组织	城市机器
大众导向	政策倡议	社会运动	谋取公职的理性团队	个人派系

资料来源：Gerald Pomper,"Concepts of Political Parties", *Journal of Theoretical Politics*, 1992, 4(2), p.151.

波姆珀把目标分为集体的目标和联合的目标。掌权的党团、意识形态群体、政策倡议和社会运动是集体目标下的政党概念归类。在联合的目标下，他也分出了四种政党定义。第一个是官僚组织类，卡特尔化的政党是这方面的典型代表。城市机器是美国在 19 世纪下半叶重要的政党形式。从大众角度来看，政党在极端情况下可以发展为个人派系组织，它是城市机器在更加狭义条件下的结果。最后一种是谋取公职的理性团队[1]。可以说，表 1-1 所总结的政党概念分类还是非常全面的，基本上把众多政党概念都涵盖到了。

尽管学术界为政党定义做出了长时间的探索和努力，但是在对一些政党现象比较分析时，学术界仍然会时不时地出现概念之争。比如，如何定义西欧出现的利基政党（niche party）和极右翼政党（extreme right-wing party）？他们与主流政党的区别在哪里？如何看待只在地方活动的政党？如何看待宗教性政党？此外，当政党日益变得卡特尔化而成为国

---

[1] Gerald Pomper,"Concepts of Political Parties", *Journal of Theoretical Politics*, 1992, 4(2), pp.151-152.

家的一部分时,之前的主流政党定义是否依然成立?这些理论难点值得我们进一步思考。

第二节 政党概念的发展与挑战

政党的概念在 20 世纪得到了系统的研究。但是 20 世纪下半叶以来,世界政治形势发生了新的变化,政党也受到了巨大的冲击。这些外部环境的改变使得我们对政党的概念再次产生了模糊的认识。

一、20 世纪下半叶以来世界的新变化

政党的存在和发展必须依赖一定的政治、经济、文化环境。而外部环境的变化又会反过来刺激政党政治出现新的变化。20 世纪 80 年代以来,世界政治、经济、文化和自然环境的变化日新月异。与政党相关的重大变化主要包括如下几个方面。

1. 发达工业国家开始步入后现代社会

政治学家和社会学家的大量研究表明,很多发达工业国家从 20 世纪后半叶以来已经开始步入后现代社会和后工业社会[①]。在后现代社会中,公民对物质利益的追求会降低,对

---

① Ronald Inglehart, *Modernization and Postmodernization: Cultural, Economic, and Political Change in 43 Societies*, Princeton University Press, 1997; Daniel Bell, *The Coming of Post-Industrial Society: A Venture in Social Forecasting*, Basic Books, 1973.

非物质主义的追求和关注度则会迅速上升。例如,越来越多的人开始关注环境保护,他们不愿意以牺牲环境为代价来换取更快的经济增长。在这种背景下,关注环保议题的绿党在欧洲迅速兴起,并且对欧洲政党政治的格局产生了极大的冲击。

2. 公民的政治热情在逐步降低

亚里士多德说过,人天生是政治动物①。既然人是政治动物,那么参与政治的热情应该是较高的。在历史上,群众型政党在 19 世纪晚期到 20 世纪早期的兴起和兴盛,正是得益于公民政治参与热情的高涨。但是随着体育、娱乐活动越来越发达,这些非政治领域开始占据普通公民更多的时间。人们对待国家政治生活的严肃精神正在被很多非政治因素消解。在这种情况下,我们看到西欧的国家党员人数在锐减,公众加入政党的积极性正在急速减弱。正是因为政党与社会的逐渐"脱钩",政党模式才逐渐从全方位政党(catch-all party)向卡特尔政党(cartel party)转型②。而且当前的趋势表明,有些政党甚至在完全没有正式党员的情况下运行着③。

---

① [古希腊]亚里士多德:《政治学》,颜一、秦典华译,中国人民大学出版社 2003 年版,第 4 页。
② Richard Katz and Peter Mair, "Changing Models of Party Organization and Party Democracy: The Emergence of The Cartel Party", *Party Politics*, 1995, 1(1), pp.5-28.
③ Oscar Mazzoleni and Gerrit Voerman, "Memberless Parties: Beyond the Business-Firm Party Model?", *Party Politics*, 2017, 23(6), pp.783-792.

3. 第四次工业革命方兴未艾

以互联网、新型通信技术、大数据、人工智能为代表的新技术革命浪潮,正在迅速改变人们的生活和彼此的互动关系。随着以"脸书"(Facebook)为代表的互联网公司的崛起,越来越多的人是在网络虚拟空间中与他人发生频繁的互动,这一点在年轻人群体中表现得更加明显。例如,一份针对127所北美高校36 950名学生的问卷发现,90%的学生使用社交网络网站。而在使用社交网络网站的群体中有97%的人是脸书的用户①。这些社交网站在年轻人中的影响力不可小觑。因为感受到了互联网的巨大冲击,政党也在试图拥抱互联网和运用新型通信手段来加强自己的存在感和与社会的联结机制。政党在网络虚拟空间的存在和发展,正在颠覆以往我们对政党社会活动的认识。20世纪80年代以来的新变化还有很多,对传统政党概念的挑战也越来越强。

二、政党概念的挑战与发展

主流的政党概念范式正在面临着来自西欧内部政党实践发展和非西方世界的双重挑战。那么在这种新形势下,我们如何从概念上重新审视政党?

在西欧内部政党实践中,对政党概念形成巨大冲击的是利基政党的兴起。"利基"的原意是墙面中出现的一些缝隙,可以用来放一些小东西。现在利基已经是生物学、管理学和

---

① Reynol Junco, "The Relationship between Frequency of Facebook Use, Participation in Facebook Activities, and Student Engagement", *Computers & Education*, 2012, 58(1), p.162.

市场营销学等领域中一个比较成熟的概念①。"利基"作为一个概念最早进入到政治学领域是在20世纪90年代。在利益集团研究文献中,部分学者开始引入利基概念来分析部分利益集团的行为②。之后,利基概念在非政府组织研究和社会

---

① 在生物学领域,参见:Stjepko Golubic, E. Imre Friedmann and Juergen Schneider, "The Lithobiontic Ecological Niche, With Special Reference to Microorganisms", *Journal of Sedimentary Research*, 1981, 51(2), pp.475-478; Alexandre H. Hirzel, et al., "Ecological-Niche Factor Analysis: How to Compute Habitat-Suitability Maps without Absence Data?", *Ecology*, 2002, 83(7), pp.2027-2036; Townsend Peterson, "Predicting the Geography of Species' Invasions via Ecological Niche Modeling", *The Quarterly Review of Biology*, 2003, 78(4), pp.419-433。在管理学领域,参见:Johan Schot and Frank W. Geels, "Strategic Niche Management and Sustainable Innovation Journeys: Theory, Findings, Research Agenda, and Policy", *Technology Analysis & Strategic Management*, 2008, 20(5), pp.537-554; Remco Hoogma, et al., *Experimenting for Sustainable Transport: The Approach of Strategic Niche Management*, Routledge, 2005。在市场营销学领域,参见 Tevfik Tec Dalgic, *Handbook of Niche Marketing: Principles and Practice*, Psychology Press, 2006。
② Dennis Downey, "The Role of Leadership and Strategy in Navigating Political Incorporation: Defining a Niche for Human Relations in Orange County, California, 1971-2000", *The Sociological Quarterly*, 2006, 47(4), pp.569-597; Michael Heaney, "Outside the Issue Niche: The Multidimensionality of Interest Group Identity", *American Politics Research*, 2004, 32(6), pp.611-651; Virginia Gray and David Lowery, "A Niche Theory of Interest Representation", *The Journal of Politics*, 1996, 58(1), pp.91-111.

运动研究中都得到了关注①。值得注意的是,利基概念的出现帮助学者更好地连接起一些既有的研究,从而为形成一种广义的或者整体性的理论作出了贡献。例如,弗吉尼亚·格雷(Virginia Gray)和大卫·洛厄(David Lowery)借助组织利基理论尝试构建出一个利益集团的一体化理论,为我们更好地理解利益代表提供了一个新的分析路径②。在这些研究的基础之上,政党政治学者把利基理论引用到了西方政党的分析视野之中。

利基政党进入政党政治领域始于2005年的一篇论文。邦妮·马基德(Bonnie Meguid)在研究传统政党对单一议题的小党的影响时首次提出了利基政党的概念。这篇论文已经被引用了993次,成为政党政治研究领域被引用很高的一篇论文。尽管不断有学者在跟进利基政党的研究,但是直到目前学界还没有对利基政党的定义形成共识,而这反过来在无意间也挑战了西方政党的主流概念范式。马基德认为,利基政党有三个关键特征:第一,利基政党拒绝了传统的以阶级为导向的政治;第二,利基政党所提出的议题不仅新颖,而且与

---

① Peter Frumkin and Alice Andre-Clark, "When Missions, Markets, and Politics Collide: Values and Strategy in The Nonprofit Human Services", *Nonprofit and Voluntary Sector Quarterly*, 2000, 29(1), pp.141-163; Sandra Levitsky, "Niche Activism: Constructing A Unified Movement Identity in A Heterogeneous Organizational Field", *Mobilization: An International Quarterly*, 2007, 12(3), pp.271-286.

② Virginia Grayand David Lowery, "A Niche Theory of Interest Representation", *The Journal of Politics*, 1996, 58(1), pp.91-111.

现在已存的政治分割线并不重合；第三，利基政党很注意对自己的议题倡议进行限制①。马基德对利基政党的研究作出了开拓性的贡献，但是她的这个定义不够简略。从意识形态的角度出发，詹姆斯·亚当斯（James Adams）和他的合作者为利基政党下的定义是，利基政党是指那些或者代表一种极端意识形态的政党，或者是一种非中心的意识形态的政党②。马库斯·魏格纳（Markus Wagner）认为，马基德的定义太过复杂，而亚当斯的定义又过于简单。他提出，利基政党是那些用一些非经济议题开展竞争的政党③。在这些定义的基础上，丹尼尔·比朔夫（Daniel Bischof）结合了利基营销的概念，提出利基政党是指那些在一个狭窄的市场部分中占据市场份额优势的政党④。

正是因为利基政党研究是一个前沿的议题，所以学者从各个角度为利基政党下定义。除了从意识形态、议题、竞争等

---

① Bonnie Meguid, "Competition between Unequals: The Role of Mainstream Party Strategy in Niche Party Success", *American Political Science Review*, 2005, 99(3), pp.347-348.

② James Adams, et al., "Are Niche Parties Fundamentally Different from Mainstream Parties? The Causes and The Electoral Consequences of Western European Parties' Policy Shifts, 1976-1998", *American Journal of Political Science*, 2006, 50(3), p.513.

③ Markus Wagner, "Defining and Measuring Niche Parties", *Party Politics*, 2012, 18(6), p.847.

④ Daniel Bischof, "Towards a Renewal of the Niche Party Concept: Parties, Market Shares and Condensed Offers", *Party Politics*, 2017, 23(3), p.220.

角度,也有政党研究者从立法投票行为来定义利基政党①。当我们在考虑如何定义利基政党的时候,另外一个需要注意的问题是,如何从测量的角度出发来为利基政党下定义。因为政治科学的研究不仅仅是要解决概念上的问题,也需要从现实中利用数据对研究对象进行分析和测量。在这方面,托马斯·梅耶(Thomas Meyer)和伯恩哈德·米勒(Bernhard Miler)的研究很好地回应了这个问题。他们认为,要比较不同利基政党的利基性就需要提供一个最低限度的定义(minimal definition)。因此,他们提出,利基政党概念的理论核心在于议题重心,一个利基政党应该是只关注那些被它的对手所忽视的政策领域②。魏格纳的研究也讨论了利基政党的测量问题。本书对利基政党的介绍不是为了对利基政党给出一个确切的定义,更不是为了对利基政党的测量问题给出自己的方案。这部分的讨论是希望借助利基政党的概念来再次证实对政党定义的讨论不仅没有停止,反而出现了新的理论难题。

在众多政党政治研究者的认识中,政党是与选举紧密地联系在一起的。唐斯、史莱辛格、爱泼斯坦等人的政党定义在提醒我们,政党的主要功能在于使选举运行起来。然而,在利基政党的定义中,我们几乎没有看到任何关于选举的因素。

---

① Christian Jensen and Jae-Jae Spoon, "Thinking Locally, Acting Supranationally: Niche Party Behaviour in the European Parliament", *European Journal of Political Research*, 2010, 49 (2), pp.174-201.
② Thomas Meyer and Bernhard Miller, "The Niche Party Concept and Its Measurement", *Party Politics*, 2015, 21(2), p.259.

政党学者是在政党竞争的语境下讨论利基政党,但是他们几乎都在定义中有意忽视了利基政党与选举的联系。因为他们更加看重的是利基政党对传统政党政治的挑战和冲击。这种挑战可以体现在意识形态上,也可以体现在议题上,还可以体现在立法过程中。在很长一段时间里,利基政党这种政党模式是几乎不可能在"政治世界"存活的。因为最为普遍化的政党模式是群众型政党和全方位政党。这两种模式都是传统的以阶级为指向的政治生态下的产物。但是随着20世纪下半叶世界迎来的各种新变化,利基政党获得了自己生存和发展的社会空间。而且在21世纪,利基政党的政治影响力在进一步扩大。在很多国家,绿党成员不仅在选举中不断取得好成绩,而且还成功担任了个别地区的领导人。比如在德国,联盟90/绿党不仅曾经加入过联盟政府,而且在2009年的联邦议会(Bundestag)大选取得了历史性的突破,得票率首次超过了10%,议会的席位增长到68个。

在非西欧国家,对政党概念形成较大冲击的是社会主义国家中的政党和宗教主导型国家中的政党。在众多社会主义国家中,西方的主流政党概念范式不仅无法很好地解释执政党,也无法有力地解释这些国家中的民主党派。在社会主义国家,政党政治的核心问题是治理问题,而不是选举问题。因此,竞争性政党体制下的西方政党概念范式很难在社会主义国家中的非竞争性政党体制下找到共鸣。社会主义国家中的执政党能够努力弥合社会不同利益,而不是只代表一小部分社会团体的利益。此外,这些执政党有很强的适应能力,能够根据形势的变化调整自己的政策,推进国家利益的发展。在西方的政党竞争模式中,政党间很多时候会陷入无序的恶性竞争。比如,2019年初创纪录的美国政府的部分关门就是两党争斗极化的表现。美国学者弗朗西斯·福山(Francis Fukuyama)把美国的这种体制称为"否决体制"(veto system)①。两党利用自己的政治资源互相否决对方的方案,只为了使对方什么事情都做不了。在一些比较动荡的国家,情况会更加复杂。在社会主义国家,即使存在其他民主党派,但是执政党与民主党派之间是紧密的合作关系,不会像西方国家那样发生严重的党争现象。

社会主义国家中有些是采取了苏联的政党模式,这些国家中只有一个执政党,没有其他政党;但有些社会主义国家如民主德国、波兰、保加利亚、越南、朝鲜等国都有民主党派②。民主德国有东德基督教民主联盟(Christian Democratic Union of East Germany)、自由民主党(Liberal Democratic Party)、德国国家民主党(National Democratic Party of Germany)和德国民主农民党(Democratic Farmers' Party of Germany)四个民主党派。越南有越南民主党(Democratic Party of Vietnam)和越南社会党(Social Party of Vietnam)两个民主党派。波兰有民主党(Democratic Party)和联合农民党(United Peasants Party)两个民主党派。保加利亚有农民联盟党(Farmers' Union)一个民主党派。捷克斯洛伐克有自由党(Liberal Party)和复兴党(Revival Party)两个民主党派。朝鲜有朝鲜社会民主党(Korean Social Democratic

---

① Francis Fukuyama,"America in Decay: The Sources of Political Dysfunction",*Foreign Affairs*,2014,93(5),pp.5-8.
② 很多民主党派随着东欧剧变都消失或者转型了。越南政府在1988年解散了越南民主党和越南社会党。

Party)和天道教青友党(Chondoist Chongu Party)两个民主党派。这些民主党派为社会主义国家的政治稳定、经济发展、社会进步作出了重要的贡献。但是,一方面西方主流的政党概念范式无法充分解释这些政党,另一方面这些政党也没有引起西方政党学者的注意①。这些社会主义国家的民主党派既不是反对党,也不是在野党。他们往往是一部分社会团体或者社会利益的代表者,但是他们与执政党不存在竞争关系。他们是执政党的亲密友党,在联盟政府中发挥着积极的作用。

在非西方世界,另外一种对西方政党概念形成冲击的是宗教性国家政党的存在和发展。在西欧国家,很多政党也有宗教色彩,但是他们不是宗教性的政党。比如在德国,默克尔所在的政党叫基督教民主联盟。尽管名字中有基督教,但是在德国这个世俗国家,这个政党与其他不包含宗教名称的政党相比,并没有表现出多少宗教意味。基督教民主联盟的领导人也不会在很多公开场合表达基督教的价值观点。但是在一些宗教性国家,或者说是政教合一的国家,有些政党与宗教主义紧密地结合在了一起。比如在伊朗,经过了1979年的伊斯兰革命,原来的君主立宪的世俗政权被推翻,取而代之的是伊斯兰教什叶派政教合一的伊斯兰共和国。在这个伊斯兰国家,宗教性政党变得活跃起来,其中一个比较知名的宗教性政党是战斗教士联盟(Combatant Clergy Association)。西方主流政党的影子在战斗教士联盟身上是看不到的。尽管这个政党积极参加选举,但是它本身奉行非常保守的宗教信条。在

---

① 萨托利曾经在《政党与政党体制》一书中讨论了这些民主党派,但是后来没有引起学界更多的关注。

某种程度上，与其说这是一个政党，不如说这是一个宗教组织。此外，有些政党虽然本身不是非常明显的宗教性政党，但是他们与宗教团体的联系过于紧密，甚至有些政党本身就是宗教势力在现实政治生活中的代表。对于这些宗教性国家的政党，我们需要开展更多的研究。

第三节　21世纪的政党概念能否超越欧洲中心论？

在新的历史时期，我们对于政党的概念理解要做出历史性的调整。政党的出现是为了顺应18世纪以来的世界政治发展的潮流。而政党的存在和发展也为历史的进步提供了一系列不可替代的积极因素。在过去的300年，政党为欧洲提供了组织基础、动员平台、意识形态、政治代表、传播渠道和政治变革。那么在21世纪，政党该如何存在？尤其是考虑到世界的重心正在从西方向东方转移，21世纪的政党概念能否超越欧洲中心论？

欧洲中心论主导下的政党概念以选举作为重要的理论支点，政党的活动也围绕着选举而展开。在实践层面，西方学者非常关注政党在选举之前的政党竞争，即政党在国家-社会关系中为了存在而开展的竞争。但是他们最为关注的是政党在获得执政合法性的过程中而开展的竞争。当然，并不是每个政党都会参与这个竞争。比如，利基政党不把上台执政作为自己最重要的目标，因而他们参与这个维度的竞争，也并不会像其他政党那样投入极大的资源。利基政党的存在和发展在过去30多年来一直在西方的政党中显得比较另类。但是利基政党的存在启示我们,政党除了选举还应该具有其他重要的意义。在21世纪,政党概念应该吸取更多的要素,尤其需要把治理作为自身重要的理论支点,即理解政党不能脱离国家治理来谈。

在本章第一节的讨论中,我们能够看到西方学者对政党的定义没有充分考虑到治理的要素。进入21世纪,治理失效和治理不足成了各国都在面对的问题。环境污染、收入差距扩大、经济下行的压力在考验着各国政府尤其是执政党。与此同时,新的问题还在不断出现。全球变暖在威胁着世界各国人民,以人工智能为代表的新技术目前还没有得到有效的治理。面对着这些难题,政党必须有所作为。因为在民族国家内部,没有任何组织能够比政党更加有能力来带来改变。因此,我们对政党的认识也不应该仅仅局限于选举。我们需要从现代性和后现代的视角来思考政党的当代使命。欧洲中心论下的政党概念范式在今天仍然有重要的学术价值,但是学术界也需要从更加开放和宽广的视角来理解今天的政党和政党的意义。

第二章　政党的模式

在本书的第一章,我们回顾了政党概念的发展历程,介绍了诸多重要的政党概念。在这一章,我们将要讨论政党政治研究中的另外一个重要的理论议题——政党的模式。政党的模式也是政党的组织模式。有学者认为,"只有研究政党的组织,才抓住了政党问题的核心"①。这样的论断虽然有过度夸大之嫌,但是也有一定的道理。这是因为政党作为一个复杂的组织,不理解它内部的运作机制和它的组织形态的转变,我们就不能更好地理解政党所能发挥的作用。

政党的模式与政党的类型既有区别也有联系。有时候我们会把两者混淆起来。政党的模式更多的是从组织的意义上来区分不同的政党,而政党的类型是比政党的模式更加宏观的一种区分手段。这就好像不同的公司可能有比较相近的组织模式,也可能有不同的组织模式。例如,如果从组织的角度来区分不同的公司,有的公司有董事会,有很多层级;有的公司是扁平结构,也没有大规模的领导层。如果从类型上区分,可以把公司分为大公司和小公司,跨国公司和本土公司等。政党的模式很早就引起了学者的研究兴趣。例如,米歇尔斯在 1911 年对政

---

① 孔凡义:《政党组织与中国共产党执政能力建设》,《浙江社会科学》2007 年第 4 期。

党的研究就是从组织的角度开展的①。他的寡头统治铁律理论至今还影响着学术界对组织和政党的研究。从政党诞生之日起到今天,政党的组织模式发生了翻天覆地的变化。目前,学术界普遍认为有如下几种重要的政党组织模式:精英型政党、群众型政党、全方位政党、卡特尔政党和公司企业型政党。

第一节 精英型政党

现代政党在英国诞生之后,它逐渐发展为社会上层尤其是贵族中的组织网络。这些社会和政治精英组成网络聚合在一起有一个重要的前提,那就是议会力量的增长。如果议会没有任何政治重要性,这些精英就没有必要在议会活动,那就更没有必要组建自己的网络。所以说,英国君主立宪政体的发展导致权力由国王转向了议会,赋予了议会更多的实质性权力,从而对政治精英产生了极强的吸引力。为了帮助自己赢得议会的席位或者是维持这些得来不易的席位,这些精英选择利用自己的关系网络来巩固和发展自己的实力。在这些基础之上,精英型政党开始出现。莫里斯·迪韦尔热(Maurice Duverger)倾向于把这些精英型政党称为干部党(cadre party)②,而西格蒙德·纽曼(Sigmund Neumann)称呼他们为个人代表型政党

---

① Robert Michels, *Political Parties: A Sociological Study of the Oligarchical Tendencies of Modern Democracy*, translated by Eden Paul and Cedar Paul, Batoche Books, 2001.
② Maurice Duverger, *Political Parties: Their Organization and Activity in the Modern State*, Meuthen, 1954, p.71.

（parties of individual representation）。本书倾向于把他们称为精英型政党，尤其是考虑到在选举权扩散到普遍民众之后，精英型政党的很多特点都很难在其他政党模式中找到了。

精英型政党的规模比较小，因为选举权和政治权利还没有被开放给政治精英以外的群体。因为规模小，所以精英型政党的维持主要是靠组建这个网络的核心人物的努力。核心人物的"朋友圈"也就是这个精英型政党的网络结构。精英型政党往往没有地方组织。一方面这是因为选举权还没有扩散到地方，另一方面是地方组织也不能为上层人物的政治参与提供直接的帮助。因此，精英型政党的活动范围主要是局限在议会之内，议会之外很难寻觅他们的踪迹。在政治资源的分配过程中，因为精英型政党是属于"小圈子"类型的组织，所以资源的分配是非常集中的。这些特点与群众型政党和全方位政党都有很多的区别。

本书第一章重点提到了英国政治家和保守主义理论家埃德蒙·柏克为政党所下的定义。其实，因为柏克曾经担任过英国辉格党的国会议员，所以他的这个定义基本上就是在描述辉格党。而在18世纪的英国政坛，辉格党和托利党都是比较典型的精英型政党。在19世纪初的美国，亚当斯与汉密尔顿领导的联邦党和杰斐逊与麦迪逊领导的民主共和党也属于精英型政党。以上都是小圈子类型的政治俱乐部。

第二节　群众型政党

精英型政党是小圈子、小规模、相对封闭的政党。历史发展的潮流是政治权利从少数人的手里逐渐扩展到多数人的手里。这一过程就是选举权的扩散过程①。表 2-1 总结了欧洲 11 个主要国家的议会制和普选权的扩散进程。从这个表中我们可以发现,英国虽然最早实行议会制,即由议会掌握国家的主要权力,但是它的全体人民普选权并没有很早就实现。普遍来讲,这些欧洲国家(同时也是主要的经济先发国家)在 19 世纪和 20 世纪早期完成了全体普选权的落地。全体普选权的实现是欧洲政党发展史上的巨大转折点。因为这标志着普通公民可以通过制度化的渠道来参与政治,而这为群众型政党的崛起奠定了坚实的基础。

理查德·卡茨和彼得·梅尔(Peter Mair)从国家与公民社会的关系角度来思考群众型政党,他们认为群众型政党的兴起代表了公民社会的崛起和声音,形成了不受国家控制的社会空间②。与精英型政党更加看重党员的质量相比,群众

---

① 对欧洲国家选举权的扩散研究,请参考 Kurt Weyland, "The Diffusion of Regime Contention in European Democratization, 1830-1940", *Comparative Political Studies*, 2010, 43(8), pp.1148-1176; John Garrard, Vera Tolz and Ralph White, eds., *European Democratization Since 1800*, Macmillan, 2000; Daniel Ziblatt, "How Did Europe Democratize?", *World Politics*, 2006, 58(2), pp.311-338; Aditya Dasgupta and Daniel Ziblatt, "How Did Britain Democratize? Views from the Sovereign Bond Market", *The Journal of Economic History*, 2015, 75(1), pp.1-29; Giovanni Capoccia and Daniel Ziblatt, "The Historical Turn in Democratization Studies: A New Research Agenda for Europe and Beyond", *Comparative Political Studies*, 2010, 43(8), pp.931-968。

② Richard Katz and Peter Mair, "Changing Models of Party Organization and Party Democracy: The Emergence of the Cartel Party", *Party Politics*, 1995, 1(1), p.10.

表 2-1 欧洲 11 国的议会制和普选权发展

国家	议会制的开端	下议院选举权扩散到人口的 10%	全体普选权
奥地利	1919 年	1873 年	1907 年
比利时	1831 年	1894 年	1894 年/1919 年
丹麦	1901 年	1849 年	1849 年
芬兰	1917 年	1907 年	1907 年
法国	1875 年	1848 年	1919 年
德国	1919 年	1871 年	1871 年
意大利	1861 年	1882 年	1913 年/1919 年
荷兰	1868 年	1888 年	1918 年
瑞典	1917 年	1875 年	1911 年
瑞士	1848 年	1848 年	1848 年
英国	1832—1935 年	1869 年	1918 年

资料来源：Jürgen Kohl,"Zur langfristigen Entwicklung der politischen Partizipation", in Otto Büsch and Peter Steinbach, eds., *Vergleichende Europäische Wahlgeschichte*, Colloquium Verlag, 1983, p.396; Stefano Bartolini, *The Political Mobilization of the European Left, 1860-1980*, Cambridge University Press, 2000, pp.582-585。

注：本表英文版按国家名称的英文首字母排列，译为中文后为保持原貌，不再按中文汉语拼音排序。全书此类表格同。

型政党显然更加关注党员的数量。普选权的放开为普通民众加入政党提供了契机，但是随着党员规模的扩大，组织问题变得更为重要。群众型政党为了维持自己的有效运作就必须制定组织内部等级结构、人事安排、资金使用等方方面面的规章制度。它们还要有鲜明的党纲和党章，这一切都比精英型政党呈现出更加明显的组织化色彩。

因为群众型政党是劳动力密集型的组织，所以普通党员对群众型政党的发展发挥了重要的作用。斯特凡诺·巴特利尼（Stefano Bartolini）在对社会民主党的案例研究中发现，群众型政党的党员能够提供经济支持、教育服务、人力资源、医疗服务、法律援助和其他支持①。普通公民加入群众型政党要缴纳一定的党费，这些党费汇总在一起构成了政党的运行经费，用以支持本党开展各类活动。党员的各种技能使得这些群众型政党本身具有一定的社会服务功能。党内互助能够为很多党员提供一定的社会安全网，这些会使群众型政党更加具有凝聚力。因为权利与义务是连在一起的，正是因为党员的义务付出，加入一个群众型政党也就赋予了自己一种身份和政治参与的权利。虽然大多数学者认为群众型政党的力量主要是来自吸纳的党员，但是也有部分学者从党内精英的角度来判断群众型政党的实力。例如，马克·赫泽灵顿（Marc Hetherington）认为普通党员的行为在一定程度上是党内精英行为的反映，所以精英层面的实力更能反映群众型政党的力量②。

群众型政党有很强的社会改造意愿。换句话说，群众型政党的政策基础就是开展大规模的社会改造，这些改造计划必然有利于本党广大党员利益的维护。有些时候，这些改造计划会过于激进而遭到保守派政党的批评。在历史上，很多农民党和工人党就是这种典型的群众型政党。一方面，农民与工人是产

---

① Stefano Bartolini, "The Membership of Mass Parties: The Social Democratic Experience, 1889-1978", in Hans Daalder and Peter Mair, eds., *Western European Party Systems: Continuity and Change*, Sage, 1983.

② Marc Hetherington, "Resurgent Mass Partisanship: The Role of Elite Polarization", *American Political Science Review*, 2001, 95 (3), p.619.

业革命爆发以来很多西方国家规模最大的两个群体；另一方面，农民和工人的利益没有得到较好的照顾，他们在物质文明急速发展的年代没有享受到足够多的成果。普通工人和农民加入政党是组织化的政治参与，他们的目的是通过政党来参与国家权力的竞争，并且努力改变国家的政策，维护好和发展好本阶级的利益。正是因为精英型政党主要是在议会内活动，而群众型政党会积极地在议会内外活动以实现社会改造的目标，所以群众型政党在全国的影响力往往比精英型政党要大得多。

　　需要指出的是，群众型政党的社会改造意愿不只是通过参加选举这种方式来实现的。在更多的时候，他们善于借助媒体的力量。报纸是政治世界重要的媒体工具。很多学者的研究都论证了报纸等媒介对于政治发展的重要作用[①]。正是认识到了报纸等媒介的重要作用，很多群众型政党都提供自己的媒介沟通渠道。这一点与精英型政党和全方位政党（catch-all party）是不太一样的。精英型政党兴起的年代还没有充分重视媒介的作用，因此更多时候是依靠个人间的网络。而在全方位政党兴起以后，沟通媒介的主导权已经不在政党的手里了，这些政党必须依靠自己的资源去竞争公共媒介渠道。

第三节　全方位政党

　　全方位政党概念的提出者是著名的政党政治研究者奥

[①] Wisdom Tettey, "The Media and Democratization in Africa: Contributions, Constraints and Concerns of the Private Press", *Media, Culture & Society*, 2001, 23(1), pp.5-31.

托·基希海默(Otto Kirchheimer)。因为全方位政党这个概念过于出名,所以很多时候我们只记得基希海默提出的这个概念。其实,全方位政党概念只是他关于政党转型宏观理论的一部分。我们需要从他的人生经历和宏观视野中理解他的全方位政党概念。

基希海默1905年出生在德国,是一个犹太人。他在德国成长和接受教育,后来随着兴登堡成为总统,并把魏玛共和国的议会民主制转变为总统内阁制,基希海默察觉到了德国政治的危机。兴登堡对权力的滥用最终导致希特勒获得上台的机会,并且彻底埋葬了魏玛共和国。之后,基希海默离开了德国前往巴黎,后来他又移民到美国。在美国,他有在政府工作的经历,负责分析欧洲尤其是德国的政治发展问题。在这一阶段,他对德国的政治体制和政党发展有了系统性的认识,这为他后来形成一整套政党转型理论奠定了基础。

基希海默最早提出全方位政党这个概念是来自1954年他对联邦德国政党的分析①。尽管他后期多次对全方位政党的提法给出了不同的版本,但他却从来没有为全方位政党下过清晰的定义。在1966年,他提出了理解政党全方位转型的五个要素:政党意识形态标识的减少;加强政党高层领导团体的权力;削弱普通党员所发挥的作用;淡化政党阶级和阶层意识,广泛吸纳社会党员;为了资金和选举的利益广泛

---

① Otto Kirchheimer, "Notes on the Political Scene in Western Germany", *World Politics*, 1954, 6(3), pp.306-321.

第二章 政党的模式

接触利益集团①。毋庸置疑,基希海默对西欧政党的转变是极具前瞻意识的。而且在更深的层面上,基希海默透过政党看到的是整个西欧政治的转变。安德烈·克洛威尔(Andre Krouwel)提出,基希海默对西欧政党有四个隐忧。第一个隐忧是议会民主制逐渐被腐蚀。基希海默对欧洲19世纪发展出来的议会民主制有着很强烈的认同,但是随着纳粹主义的兴起,议会民主制曾经被破坏殆尽。尽管在二战之后议会民主制度得到了恢复,但是有原则的政治反对在议会中消失了。第二个隐忧是国家和政党的卡特尔联合。这个联合就意味着政党脱离与社会基础的联系而与国家结合在一起,这就使得政治变成了政客利用国家管理的合法手段为自己谋取政治利益。第三个隐忧是关于政党的资源。基希海默认为政党在从国家获得主要资源,政党政治的个人化趋势在加强。最后一个隐忧是整个政治转型的去政治化以及立法、司法和行政权分离的终结②。今天回过头来看,我们不得不感慨,基希海默在几十年前对政党政治的判断是多么具有前瞻性。基希海默的研究对后来的政党政治产生了巨大的影响。全方位政党这个概念成为理解西欧和其他地区政党转型的重要概念,连理查德·卡茨和彼得·梅尔提出的卡特尔政党的概念也受到了基希海默的影响。

---

① Otto Kirchheimer, "The Transformation of Western European Party Systems", in Joseph LaPalombara and Myron Weiner, eds., *Political Parties and Political Development*, Princeton University Press, 1966, pp.177-200.
② André Krouwel, "Otto Kirchheimer and the Catch-All Party", *West European Politics*, 2003, 26(2), pp.23-40.

卡茨和梅尔对全方位政党的概念进行过比较分析。通过与精英政党、群众型政党和卡特尔政党的比较，他们认为全方位政党参与政党竞争的基础是政策有效性。精英型政党参与政党竞争的基础是他们特殊的政治地位，而群众型政党的竞争基础是他们的广泛代表能力。从全方位政党开始，政党竞争开始进入资本密集型阶段①。资本的介入是政党政治发展史上的大事，因为一旦资本开始介入，政党竞争就会陷入"烧钱"的怪圈。各个政党会被迫投入越来越多的资金，而获得的边际收益却会随着资金的投入而越来越少。这导致政党为了赢得选举会投入更多的资金，从而形成恶性循环。今天的美国、印度等国的选举都已经陷入了这个困境之中。政党生活已经金融化了，而不仅仅是政治化了。

第四节　卡特尔政党

理查德·卡茨和彼得·梅尔的重要理论贡献是提出了卡特尔政党的概念。正如上文所说，卡特尔政党概念的提出最早可以在基希海默的研究中找到影子。卡茨和梅尔系统地对卡特尔政党的组织特点与其他政党模式进行了比较（见表2-2），为我们更好地理解现代政党的模式转型奠定了基础。他们合作的这篇论文发表在《政党政治学》1995年的第1

---

① Richard Katz and Peter Mair, "Changing Models of Party Organization and Party Democracy: The Emergence of the Cartel Party", *Party Politics*, 1995, 1, (1), p.10.

期,至今这篇论文已经被学术界引用了4 000多次,是一篇政党政治学的经典论文。

表2-2 政党的模式和它们的特点

	精英型政党	群众型政党	全方位政党	卡特尔政党
时期	19世纪	1880—1960年	1945年—	1970年—
社会-政治吸纳程度	选举权受限	选举权扩大	大众获得选举权	大众获得选举权
政治类资源的分配程度	非常集中	比较集中	不太集中	比较分散
政治的首要目标	分配特权	社会改造	社会改善	以政治为业
政党竞争的基础	赋予地位	代表能力	政策有效性	管理技能,效率
选举竞争的模式	被管理的	动员的	竞争的	被限制的
政党工作的本质和竞选的关系	无关	劳动力密集型	劳动力密集型和资本密集型	资本密集型
政党资源的首要来源	个人的朋友圈	党费和党员的贡献	非常广泛的来源	国家补助
普通党员和政党精英的关系	精英就是普通党员	自下而上,精英对党员负责	自上而下,党员只是为精英欢呼	层次分离,互相自主
党员的特点	规模小,精英化	规模大,同质化;大量招募;党员是一种身份;强调权利和义务	党员向全社会开放,强调权利;党员不再是一种主要的身份	权利和义务都不重要;党员与其他普通人没有区别;党员的价值是增加合法性

(续表)

	精英型政党	群众型政党	全方位政党	卡特尔政党
政党的沟通媒介	个人间的网络	政党提供自己的沟通媒介	政党相互竞争公共的沟通媒介	政党优先获得国家管控的媒介
政党在公民社会-国家中的位置	界限不清晰	政党属于公民社会	政党在公民社会和国家间是一种竞争的经纪人	政党就是国家的一部分
代表的类型	委托人	代表人	企业型	国家机构

资料来源：Richard Katz and Peter Mair,"Changing Models of Party Organization and Party Democracy: The Emergence of the Cartel Party", *Party Politics*, 1995, 1(1), p.18。

当卡特尔政党的概念一经推出的时候,学术界的反映是褒贬不一。有的学者非常认可这个概念,也有部分学者对其充满疑义。我们首先来简单介绍一下卡茨和梅尔的卡特尔政党的理论内涵,然后来讨论学术界对这个概念的讨论。卡特尔政党的兴起是在20世纪70年代之后,是西方社会开始向后工业化社会转型的阶段。卡茨和梅尔指出,卡特尔政党参与政治的首要目标不是为了改善社会,而是"以政治为业"①。政党内的精英阶层是专业的政治从业者,参与政治本身就像其他职业一样变成了他们的职业。卡特尔政党参与政党竞争的基础不是政策的有效性,也不是他们的代表能力,而是他们的组织管理能力。这些政党具有新的竞选基础,包括有效地

---

① Richard Katz and Peter Mair, "Changing Models of Party Organization and Party Democracy: The Emergence of the Cartel Party", *Party Politics*, 1995, 1(1), p.10.

组织起足够的网络、调动起足够的资源和提升他们的活动效率。那么在这种情况下,资本的价值就被进一步放大了。政党与资本的耦合在全方位政党时期已经变得公开化,而在卡特尔政党阶段则变成了必然和需要加强的内容。劳动密集型的政党工作模式已经变成了过去式,资金驱动或者金融驱动的政党工作模式开始大行其道。政党所能获取的资金一方面可以来自财团,另一方面主要是来自国家。因为卡特尔的本意就是政党与国家连为一体,换句话说,政党已经成为国家的一部分。在这种情况下,政党成员的作用就被进一步削弱了。普通的党员不能为政党提供大量的资金,也不能像政党高层精英那样提升组织效率,那么他们的价值何在呢?除了在观感上能够增强本党的合法性,恐怕在更多的时候他们的价值已经不能得到认可了。

卡特尔政党的概念一经推出,学界的反响非常热烈,批评和质疑的声音也很多。例如,路德·库勒(Ruud Koole)批评卡茨和梅尔没有为卡特尔政党提出一个清晰的定义,致使学术界无法判断这是一个政党个体层面的概念还是一个政党体制中的系统概念[1]。针对这个质疑,两位作者指出,当他们在1995年撰写论文的时候,他们描述的是一种正在形成中的政党转型趋势,因此不能提供一个准确的成熟的概念[2]。在这些初步的辩论之后,学界研究的重点开始从理论走向实证。

---

[1] Ruud Koole, "Cadre, Catch-All or Cartel? A Comment on the Notion of the Cartel Party", *Party Politics*, 1996, 2(4), pp.507-523.

[2] Richard Katz and Peter Mair, "Cadre, Catch-All or Cartel? A Rejoinder", *Party Politics*, 1996, 2(4), pp.525-534.

更多的学者感兴趣的是如何在政党实践中测量卡特尔政党。在2005年,克劳斯·德特贝克(Klaus Detterbeck)推进了这方面的研究。他对西欧的几个主要国家德国、丹麦、瑞士和英国进行了比较分析。通过开展实证研究,他发现在不同的国家,卡特尔政党是经过不同路径而形成和发展的,没有一个统一的方式可供参考。而且更加重要的是,学者应该抓住卡特尔政党概念的核心要素(政党与国家的共生关系)来考察卡特尔政党,只有在这种情况下,我们才能探索卡特尔政党发展的条件①。德特贝克的研究具有很重要的意义:一方面,他的研究肯定了卡特尔政党概念的现实效力;另一方面,其研究开辟了实证研究卡特尔政党的路径。在这篇论文发表之后,学术界对卡特尔政党的质疑就少了很多。在更多的时候,政党政治学者开始扩展卡特尔政党的研究领域。例如,德里克·哈特森(Derek Hutcheson)把卡茨和梅尔的卡特尔概念应用到了俄罗斯的政党政治分析之中,指出了俄罗斯共产党与其他政党的合作关系②。直到今天,研究卡特尔政党的热潮仍然没有褪去,不断有新的研究成果出现。

第五节　公司企业型政党

群众型政党、全方位政党和卡特尔政党的研究也得到了

---

① Klaus Detterbeck, "Cartel Parties in Western Europe?", *Party Politics*, 2005, 11(2), pp.173-191.

② Derek Hutcheson, "Party Cartels beyond Western Europe: Evidence from Russia", *Party Politics*, 2013, 19(6), pp.907-924.

国内学术界的关注,这方面的研究成果很多①。另外一个值得关注的政党组织模式是公司企业型(business-firm model)政党,目前国内政治学界对其的讨论还比较少。公司企业型政党,顾名思义,就是指一个政党像一个公司那样参与选举竞争。公司企业型政党的研究由乔纳森·霍普金(Jonathan Hopkin)和卡特里娜·保卢奇(Caterina Paolucci)于1999年发表在《欧洲政治研究杂志》上的文章中首次提出②。他们认为,贝卢斯科尼所领导的意大利力量党(Forza Italia)和西班牙的民主中间联盟(Union of the Democratic Centre)代表了一种新型的像企业一样的政党模式。公司企业型政党也是资本密集型政党,但是与卡特尔政党不同的是,它们主要是利用私人资金来维持自己的运作。比如在意大利,因为贝卢斯科尼是商人出身,他在投入政坛之前已经是家喻户晓的富翁,所以他成立意大利力量党之后并没有资金方面的困扰,他可以利用自己的企业资金为他的政党服务。公司企业型政党也不需要招募大量的党员,因为这些党员并不能帮助这些政党。真正发挥作用的是以政党领导人为核心的小圈子精英。

公司企业型政党的环境适应能力完全取决于它们的领导

---

① 向文华:《西方全方位政党理论:争论与评价》,《教学与研究》2018年第8期;李洋、臧秀玲:《对卡特尔政党理论的批判性再思考》,《国外社会科学》2018年第6期;王长江:《政党论》,人民出版社2009年版。

② Jonathan Hopkin and Caterina Paolucci, "The Business Firm Model of Party Organisation: Cases from Spain and Italy", *European Journal of Political Research*, 1999, 35(3), pp.307-339.

人。与传统政党不同的是,这些政党几乎完全就是围绕着政党领导人而存在的。意大利力量党尽管是一个大党,但是它没有党的代表大会,没有地方组织,没有大量的党员,这是其他政党不敢想象的。它与精英型政党也是不同的,因为精英型政党也有自己的组织原则和意识形态,而公司企业型政党并没有特别明确和普遍坚持的意识形态,他们的目的只是服务于本党领导人赢得大选这一目标。而且在公司企业型政党中,有政治经历的精英并不多,占据高位的人反而是有商业经历的人。一旦这些政党赢得了大选,这些人就会跟随政党领导人进入国家的政府部门。因为政党领导人的影响过重,所以一旦他们不能再参与政治,这些政党很快就分崩离析。在西班牙,有着公司企业型政党色彩的政党是 1977 年成立的民主中间联盟。他的创立者是西班牙民主化之后的首相阿道夫·苏亚雷斯(Adolfo Suárez)。当时民主中间联盟的建立是为了推举苏亚雷斯担任西班牙首相,而在他离开该党之后,民主中间联盟也就停止了运作。总体来看,公司企业型政党的出现是资本政治和个人化政治发展的产物。它的出现标志着西方代议制民主的重大危机,也代表着西方民主的转型。

第六节 政党模式的终结?

政党模式从两百年前的精英型走到了今天的卡特尔化和公司化,不得不让人感慨政党政治的巨大变化。那么,这是否意味着政党模式的终结呢?在 21 世纪,政党的组织模式是否会停留在国家与政党的耦合和政党政治的个人化呢?在社会科学中经常会有一些"历史终结论"的判断①,但是这些论断有时候是站不住脚的。因为历史是不断向前发展的,现实世界的变化很多时候是走在理论的前面的。在政党政治领域,新的政党模式也可能会出现。例如,网络党(即通过全面借助网络技术来组建政党和实现政党与社会联结的政党)的出现已经引起了很多学者的关注。科学技术的发展在21世纪的今天正在把人类带入一个前所未有的世界,政党也必须积极适应新的环境,因此新型的政党模式也必然会出现。

---

① 比如 Francis Fukuyama,*The End of History and the Last Man*,Simon and Schuster,2006。

第三章 政党体制

政党体制(或者政党制度)研究是政治学研究中的经典问题。在政党政治的早期研究中,政党体制问题引起了诸多学者的关注。一党制、两党制和多党制作为最为基础的政党体制分类,被广泛用于区别世界上不同国家的政党体制。值得注意的是,早期的政党体制研究是以旧制度主义作为自己的理论基础,主要以区分和比较不同政党体制的内涵、特点和功能为主。而在20世纪下半叶的比较政治学中,新制度主义的兴起是众多学术发展趋势中最为重要的一个脉络。新制度主义的兴起借鉴和发展了行为主义革命以来的学术成果,学术界对于制度的认识也从简单的静态比较转向了更为复杂的动态分析。很多学者在解释制度产生、制度变迁、制度稳定和制度崩溃等领域产生了丰硕的成果。这些研究后来被广泛应用于政党体制的研究之中,在21世纪极大地丰富和发展了早期的政党体制研究。

第一节 早期的政党体制研究

政党体制研究是政党政治学的一个长久的研究重点。在不同的政党体制内,政党的作用和功能、公民看待和选择政党的方式方法都是不一样的。政党体制,按照莫里斯·迪韦尔热(Marurice Duverger)的观点,是研究一个特定国家中多个政党互存的形式和模式,这包括政党的数量、相对大小、联盟、地理分布、政治分布等①。按照政党研究大师萨托利的看法,只有当政党是一个个部分的时候才能让多个政党组成一个体系。一个政党体制是从政党竞争发展出来的互动体制。每个政党对于其他政党都具有相关性②。政党体制研究也是我国学术界的研究热点。周淑真认为,政党制度是指一个国家的各个政党在政治生活中所处的法律地位,政党同国家政权的关系,政党对政治生活发生影响的方式,是各个政党在争夺对国家政治权利的掌握和参与时逐渐形成的一种权力、地位划分的模式,其中也包括政党自身的运作方式方法、规则和程序③。从这些研究来看,政党体制研究包含很多内容。例如,如何确定一国的政党体制?政党体制有哪些分类方法?政党体制的产生根源在哪里?政党体制与选举体制的区别和联系是什么?

回答这些问题需要从一些西方政党政治的经典理论出发。我们首先需要介绍一下西摩·马丁·李普赛特(Seymour Martin Lipset)和斯坦因·罗坎(Stein Rokkan)关

---

① Maurice Duverger, *Political Parties: Their Organization and Activity in the Modern State*, Meuthen, 1954, p.203.
② Giovanni Sartori, *Parties and Party Systems: A Framework for Analysis*, ECPR Press, 2005, p.44.
③ 周淑真:《政党和政党制度比较研究》,人民出版社2001年版,第165页。

于政党体制起源的研究。两位学者认为,政党体制的起源和发展与一国的社会缝隙(social cleavage)结构有关。他们的社会缝隙模型的主要观点是,西欧的主要政党是围绕着以下四个社会分裂维度进行选民动员的。换句话说,这四个社会分裂决定了工业革命之后大部分西欧政党的出现。第一个维度是围绕生产关系而言的,即工人阶级对资产阶级雇主;第二个维度是围绕传统的教会权威与现代的民族国家政府权威展开的;第三个维度是关于中央层面的主导文化与地方的主体文化之间的关系;最后一个维度是关于生产领域的工业部门与农业部门之间的关系(如图3-1所示)。透过这个分析框架,我们可以很清晰地辨识基督教民主党、工党、北爱尔兰统一党等西欧政党的社会基础。需要说明的是,李普赛特和罗坎的这个理论并没有穷尽欧洲的所有社会缝隙要素。尤其是在当前(反)全球化的背景下,像脱离欧盟/加入欧盟、拒绝难

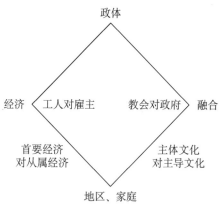

图 3-1 李普赛特和罗坎的社会缝隙模型

资料来源:Seymour Martin Lipset and Stein Rokkan, eds., *Party Systems and Voter Alignments: Cross-National Perspective*, Free Press, 1967, p.14。

民/接纳难民等问题也是极为重要的社会缝隙因素。

李普赛特和罗坎的研究非常重要,但是他们没有直接为学术界建立一个政党体制的分类。在政党体制类型学方面,有很多学者作出了巨大的贡献。其中,让·布隆代尔(Jean Blondel)根据政党在选举中获得的选票份额提出了一个政党体制的四分法。他认为政党体制可以分为两党制、两党半制、有主导型政党的多党制和无主导型政党的多党制①。他的计算方法比较简单,是一个两步走的计算方法。首先是计算最大的两个政党的得票情况,然后是考虑第一大党的得票情况占第二和第三大党的比例。比如,在20世纪60年代的美国、英国、澳大利亚和新西兰等国家,最大的两个政党的得票率之和超过85%,而且两个政党的得票率比较均衡,没有出现特别大的差异。这种情况就是典型的两党制。而如果第一和第二大党的得票率之和大于70%小于80%,而且第一大党和第二大党之间的得票率差额比较大,就属于两党半制。如何区分有主导型的多党制和无主导型政党的多党制呢?布隆代尔认为,在政党较多的国家,区分主导型政党是否存在就在于是否最大的政党能够获得超过40%的选票,并且得票数量是第二大党的两倍以上。这些条件如果能够满足,就可以判定这个国家的政党类型是有主导型的多党制;否则,就是无主导型政党的多党制。按照他的标准,20世纪60年的瑞典、挪威和意大利等国属于有主导型政党的多党制,而法国和荷兰属于无

---

① Jean Blondel,"Party Systems and Patterns of Government in Western Democracies", *Canadian Journal of Political Science* (*Revue Canadienne de Science Politique*),1968,1(2),pp.180-203.

主导型政党的多党制。除了布隆代尔,还有很多学者提出了自己的分类方法。这主要取决于学者如何计算政党的数量和如何评估政党的实力。

在政党体制类型学方面,可能最有影响力的分类是萨托利的政党体制分类。萨托利对于政党体制的分类独辟蹊径,他看重的因素不仅包括政党的数量,还包括政党竞争的程度。在他的类型学中,有三个关键词:极化(polarization)、体制机能(mechanics of system)和实际影响力。萨托利认为,政党的数量不是衡量政党体制的主要因素,而政党之间的极化关系、政党对体制机能是向心还是离心以及政党的实际影响力才是做出政党体制分类的关键。在此基础之上,萨托利在自己的代表作《政党和政党体制》一书中提出了新的政党体制分类法:一党制(one-party system)、霸权型政党制(hegemonic party system)、主导型政党制(predominant party system)、两党制(two-party system)、有限多党制(limited pluralism)、极端多党制(extreme pluralism)和原子多党制(atomized party system)[1]。一党制是指一个国家中只有一个政党,没有其他政党存在,自然也就没有政党竞争。霸权型政党制是指存在一个居于无可撼动地位的政党,国内有其他政党,但主要依附于这个主要政党。主导型政党体制是指一个政党通过在大选中获得半数以上的得票而长期执政,其他政党无法挑战它的执政地位。有限多党制是指3—5个政党共同竞争的体制,而极端多党制是指6—10个政党同时竞争的体制。原

---

[1] Giovanni Sartori, *Parties and Party Systems: A Framework for Analysis*, ECPR Press, 2005.

子多党制是指政党体制太碎片化了以至于再增加任何一个政党参与竞争都不会对竞争的大态势产生影响。萨托利的这个分类方法应用范围很广,能够描述很多国家的政党体制。而且,他还在此基础之上对一党制进行了进一步的细分。

在谈到政党体制的时候,另外一个不能忽视的人物是莫里斯·迪韦尔热。迪韦尔热是法国人,出生于1917年,是法国著名的法学家、政治学家和社会学家。20世纪50年代,迪韦尔热出版了《政党》一书。在该书中,他提出了一个重要的理论:"简单多数单一投票体制倾向于导致两党制。"①这个理论被称为迪韦尔热定律。从这个理论出发还衍生出所谓的迪韦尔热第二定律,即两轮多数体制和比例代表制倾向于导致多党制。迪韦尔热的研究之所以引起了广泛的重视,是因为社会科学领域往往很难提炼出具有很强的预测性的理论。在自然科学领域,物理学家、化学家和生物学家的工作重点是发现具有普遍性的理论,并且据此提出预测性的观点或者结论。历史多次证明,很多自然科学的假设、预测和理论推演都是正确的。但是在社会科学领域,出现像自然科学领域那样具有普适性或者预测性的"硬规律"(hard law)是很难的。迪韦尔热的研究比较接近了这样一种标准,因而引起了很多关注。与之比较类似的政治学规律性的理论还包括米歇尔斯的"寡头统治铁律"。

政党政治学者对迪韦尔热定律做了大量的跟进研究。其中一个重要的研究热点是探讨迪韦尔热定律的分析层次(或者应用层次)。很多学者倾向于把迪韦尔热定律理解为国家

---

① Maurice Duverger, *Political Parties: Their Organization and Activity in the Modern State*, Meuthen, 1954, p.217.

层面的政治现象,但是也有其他学者从地区、地方甚至更小的范围来讨论迪韦尔热定律。例如,美国著名的学者威廉·莱克(William Riker)认为,迪韦尔热定律是针对地区层面政党竞争而做出的预判①。布莱恩·葛因斯(Brain Gaines)提出一个多层次的迪韦尔热定律现象。他认为,如果选民能够判断一个政党只可能会赢得地区的选举,那么在地区层面会大概率出现两党制,而这种迪韦尔热效应在国家层面就会变弱②。这背后的道理并不复杂,因为迪韦尔热所设定的简单多数单一投票体制最基础的实施单元就是在地区,而到了高一层次的州或者国家层面,选区的选举制度可能会变得异常复杂。甚至在有些国家,内部不同行政单位之间的选举制度也是截然不同的——有的是单一投票体制,有的是两轮投票体制,有的是比例代表制,有的是简单多数制。

第二节　新制度主义在政治学研究中的兴起

新制度主义的兴起一时间使得好像所有人都变成了制度主义者③。尽管学术界都承认制度的重要性,但目前还没有

---

① William Riker, "The Number of Political Parties: A Reexamination of Duverger's Law", *Comparative Politics*, 1976, 9(1), p.94.
② Brian Gaines, "Duverger's Law and the Meaning of Canadian Exceptionalism", *Comparative Political Studies*, 1999, 32(7), p.837.
③ Paul Pierson and Theda Skocpol, "Historical Institutionalism in Contemporary Political Science", in Ira Katznelson and Helen Miller, eds., *Political Science: State of the Discipline*, Norton, 2002, p.706.

一个普遍性的概念被学者接受。而且,在统一的新制度主义旗帜下,新制度主义的研究路径并不一致。面对这种局面,彼得·豪尔(Peter Hall)和罗斯玛丽·泰勒(Rosemary Taylor)发表于1996年的文章系统性地总结了新制度主义的理论发展。他们认为:"新制度主义包括三种路径,它们分别是理性选择制度主义,历史制度主义和社会制度主义,并且它们相互之间是独立发展的。"①当然,这不是学术界中对新制度主义唯一的分类方法,但是豪尔和泰勒的三分法却是学界最主流的一个。

新制度主义兴起之后,学术界在解释制度产生、制度变迁、制度稳定和制度崩溃等领域产生了丰硕的成果。其中,关于制度变迁和稳定的学术成果最为丰富。

道格拉斯·诺斯(Douglass North)、詹姆斯·马洪尼(James Mahoney)和凯思琳·锡伦(Kathleen Thelen)主张制度变迁的研究重点应该是放在渐进性的制度变迁上而不是急速的制度变迁上。这是他们之间的研究共识,但是在研究渐进性制度变迁的路径上,他们却南辕北辙。诺斯沿着理性选择制度主义的思路讨论制度变迁和稳定,而马洪尼和锡伦则从权力分配的视角进行讨论。诺斯认为:"推动变化发生的行为体是具有企业家精神的个人,他们这样做是为了对制度架构中的激励因素作出反应。"②诺斯的理性选择主义解释虽然

---

① Peter Hall and Rosemary Taylor, "Political Science and the Three New Institutionalisms", *Political Studies*, 1996, 44(5), pp.936-957.
② Douglass North, *Institutions, Institutional Change and Economic Performance*, Cambridge University Press, 1990, p.83.

清晰直白,但是把制度变迁的过程描述得过于简单。马洪尼和锡伦则是把制度变迁的过程划分为四种典型模式:取代(displacement),叠加(layering),偏离(drift)和转变(conversion)。具体哪种模式会成为制度变迁的主导模式取决于变化施动者在制度框架下的权力分配情况。变化施动者不是一个同质性的群体,他们包括叛乱者(insurrectionaries)、共生者(symbionts)、颠覆者(subversives)和投机者(opportunists)四种类型[1]。马洪尼和锡伦的这个理论模型具有比较丰富的应用性,获得了学界的广泛承认。这个模型唯一的问题是没有对非正式制度(informal institution)在制度变迁中的作用予以说明。这个问题在格雷琴·赫姆基(Gretchen Helmke)和斯蒂芬·列维茨基(Steven Levitsky)的研究中获得了解答。这两位学者通过区分出四种不同的非正式制度来展现非正式制度如何与正式制度进行互动。这个非正式制度类型学分析把非正式制度区分为补充型、替代型、适应型和竞争型四种[2]。约翰·霍普金斯大学的蔡欣怡(Kellee Tsai)提出适应性非正式制度理论(adaptive informal institutions)[3],进一步推进了关于非正式制度与制度变迁的关系研究。

---

[1] James Mahoney and Kathleen Thelen, eds., *Explaining Institutional Change: Ambiguity, Agency, and Power*, Cambridge University Press, 2009, pp.15-23.

[2] Gretchen Helmke and Steven Levitsky, "Informal Institutions and Comparative Politics: A Research Agenda", *Perspectives on Politics*, 2004, 2(4), pp.725-740.

[3] Kellee Tsai, "Adaptive Informal Institutions and Endogenous Institutional Change in China", *World Politics*, 2006, 59(1), pp.116-141.

既然所有人都变成了制度主义者,而且新制度主义的理论成果又是这么丰富,那是否就意味着新制度主义是最终的理论范式呢?笔者认为,新制度主义尽管为我们理解政治活动提供了更加全面的框架,但是它仍然存在一些问题。这些问题应该引起制度主义者的关注和回应。

新制度主义者用制度建构出一个宏观的分析视野,一方面,确实超越了行为主义者以可观察行为为中心的微观范畴;但是另一方面,这个新的宏观视野是静态的,而非动态的。旧的制度主义研究也存在这个问题。只是新制度主义研究侧重分析性的研究,而旧制度主义研究侧重描述性的研究。新制度主义者眼中的制度对个人的行为和偏好都具有限制和引导作用,但是他们不认为在制度发挥影响的同时,其他因素包括个人的施动性会对制度也产生影响。换句话说,新制度主义者是采用了一种单向互动过程的宏观视野,而政治活动本身很可能是一种双向互动的动态过程。

此外,新制度主义在从行为主义政治学中脱胎之时,它并没有对观念、话语、政策与制度的关系给予足够的关注。而自20世纪90年代至今,建构主义在政治学中迅速兴起。建构主义者关心观念、规范、知识、文化和争论在政治中的作用,尤其强调共同持有的或者是主体间性的观念和理念对社会生活的影响[1]。而新制度主义中的理性选择制度主义是直接排斥观念和规范等理念性因素的,历史制度主义关注历史中的结构

---

[1] Martha Finnemore and Kathryn Sikkink, "Taking Stock: The Constructivist Research Program in International Relations and Comparative Politics", *Annual Review of Political Science*, 2001, p.392.

和施动性,社会制度主义侧重的是宏观的(稳定的)文化结构而非动态的观念,新制度主义暴露出了自己理论内核的不完整性和对建构主义转向的无力感。在这种背景下,以马克·布莱斯(Mark Blyth)和薇薇安·施密特(Vivian Schmidt)为代表的学者开始开辟话语制度主义的研究路径。

薇薇安·施密特是波士顿大学欧洲研究中心主任,美国资深的比较政治学和国际关系研究学者。她最早提出话语制度主义的分析概念,并且系统地分析了话语和观念如何具有解释力。何谓话语制度主义?哪些人可以被看作话语制度主义者?施密特提出了四个标准来衡量话语制度主义者。这四个方面包括:首先,他们认真对待话语和观念(尽管对话语和观念的理解各不相同);其次,他们把话语和观念置身于制度之中,就像其他新制度主义者所做的那样;再次,他们把观念放入价值情境,与此同时,认为话语遵从"沟通的逻辑"(logic of communication);最后,他们对变化持有一种动态的观念,话语和观念能够克服其他三种(均衡导向的、静态的)新制度主义无法克服的障碍来推动变化[①]。施密特系统地比较了三种新制度主义与话语制度主义之间的差异(见表3-1)。

在解释对象上,理性选择制度主义从理性本身和物质利益出发,探讨行为体在制度限制下如何通过战略性行为最大化地维护自己的利益。学术界把这种解释逻辑泛称为计算的逻辑,或者是后果的逻辑(logic of consequences)。因为以追

---

① Vivian Schmidt, "Discursive Institutionalsim: The Explanatory Power of Ideas and Discourse", *Annual Review of Political Science*, 2008, p.304.

表 3-1 三种新制度主义与话语制度主义比较

	理性选择制度主义	历史制度主义	社会制度主义	话语制度主义
解释对象	理性的行为和利益	历史规则和规制	文化规范和结构	观念和话语
解释逻辑	计算	路径依赖	适宜性	沟通
解释的弊端	经济决定论	历史决定论	文化决定论或者相对主义	观念决定论或者相对主义
解释变化的能力	静态的:固定的偏好维持连贯性	静态的:路径依赖维持连贯性	静态的:文化规范维持连贯性	动态的:观念和话语的互动导致变化和稳定

资料来源:Vivien Schmidt,"Reconciling Ideas and Institutions through Discursive Institutionalism",in Daniel Beland and Robert Cox,eds.,*Ideas and Politics in Social Science Research*,Oxford University Press,2010,p.50。

求物质利益最大化为目标,所以这种解释的主要弊端就是经济决定论。理性选择制度主义在解释变化时往往利用比较简单的线性思维(参考上文对诺斯的讨论)。理性选择制度主义在研究议题上与行为主义者非常接近。两者在投票行为、国会政治、分配政治等领域的研究成果众多。近年来,经济学界和理性选择制度主义者在这些议题上呈现出合流的趋势,在历史制度主义和社会制度主义感兴趣的议题上,经济学界却保持了一定的距离,造成这种情况的主要原因就是经济学界和理性选择主义者分享相似的理论前提和理论假设。

历史制度主义与理性选择制度主义存在很大的区别。其中,按照凯思琳·锡伦的分析,两者之间最大的差异是,理性选择者强调制度是产生和维持均衡的协调机制,而历史制度主义者则看重制度到底是如何从时空次序中产生并且嵌入其中的①。为了讨论历史进程中的制度动力和社会变迁,历史制度主义者往往把目光投向"大结构、大过程、大比较"②。在这一过程中,历史制度主义展现出了非常强的概念创新能力。其中,学术界最为常用的术语是路径依赖,这也是历史制度主义者最主要的解释逻辑。值得注意的是,路径依赖并不是简单地认为,初始的历史状态会影响或者决定后续的发展过程。随着保罗·皮尔森(Paul Pierson)、詹姆斯·马洪尼、伊恩·格林那(Ian Greener)、罗伯特·吉本斯(Robert Gibbons)等人的理论发展,路径依赖理论已经发展为一个比较复杂的解释框架。历史制度主义者虽然引入了偶然性(contingency)的概念,试图增加路径依赖逻辑的弹性,但是整体上来看,他们对制度的理解还是相对静态的。

社会制度主义者与行为主义者都是从社会学、人类学中汲取理论营养从而得到理论发展的。但是行为主义者止步于对既有分析框架和概念的借鉴,而社会制度主义者则超脱于简单的理论框架,看到了背后隐藏的社会文化和制度因素。与理性选择制度主义的计算逻辑不同,社会制度主义者主张适宜性逻辑(logic of appropriateness)。在从行为体到制度的单向互动过程中,理性主义者制定制度是为了通过发挥制度的效用实现利益的最大化,这种制度动力学的背后打上了深深的功利主义烙印。而在同样的互动过程中,社会制度主

---

① Kathleen Thelen, "Historical Institutionalism in Comparative Politics", *Annual Review of Political Science*, 1999, p.369.
② Charles Tilly, *Big Structures, Large Processes, Huge Comparison*, Russell Sage Foundation Publications, 1989.

义者则认为,一项制度之所以被设立尤其是以当前的自在形式或者模式出现,并不是(或者很大程度上不是)通过功利计算的产物,而是调适行为体和其所处的社会环境的产物。与理性选择和历史制度主义相比,社会制度主义呈现出明显的相对主义取向。这一点与行为主义革命后期出现的追求情境性知识的路径不谋而合,这也再次说明新制度主义与行为主义革命两者之间还是存在千丝万缕的关系。

上文已经对三种新制度主义理论进行了简单的评介,这为与话语制度主义进行对比进行了较好的理论准备。话语制度主义在解释对象上与上文所述的三种截然不同。前者认为转向话语和观念能够克服上述三种新制度主义理论内核的不足和增强对变化的解释力。与之相对应,话语制度主义遵从一种沟通的逻辑,不仅解释逻辑与其他三种新制度主义存在很大差异,而且进行区别的关键(或者能够体现话语制度主义对既有路径实现超越的)是其解释变化的能力。施密特认为:"话语制度主义同时把制度作为给定的(制度是行为体说话、思想和行动的情境)和权变的(同时也是行为体说话、思想和行动的后果)。"[①]从这里可以看出,话语制度主义在倡导一种行为体和制度(结构)之间的双向互动过程。笔者把这种研究视角称为整体主义视角,以此与行为主义的微观视角和新制度主义的宏观视角相区别。这种整体主义的分析视角塑造出了一个动态的解释框架,制度是稳定和变化的统一体,行动者

[①] Vivian Schmidt, "Discursive Institutionalism: The Explanatory Power of Ideas and Discourse", *Annual Review of Political Science*, 2008, p.314.

既是施动者也是受动者。

一些学者在介绍话语制度主义理论时,主要是以施密特的理论为基准。本书认为话语制度主义内部主要存在两条路径,第一条路径是以施密特为代表,第二条路径是以布莱斯为代表。施密特的路径是学界主流的话语制度主义路径,在过去10多年中,她在比较资本主义制度、欧洲政治、经济危机等领域不断丰富和发展这一理论。例如,在欧洲债务危机爆发之后,很多学者是从理性选择的视角出发解释为何欧洲迟迟不能彻底解决债务危机。施密特利用话语制度主义理论,通过构筑一个多层模型(政策协调层面和政策沟通层面)展示了危机协调话语体系(欧盟领导层)与危机沟通话语体系(市场和民众)之间的断裂,这为欧债危机迟迟得不到解决埋下了伏笔[1]。施密特的理论展现了真实政治活动过程中的复杂性和混乱性,为我们深刻理解危机与变革提供了很好的理论工具。

马克·布莱斯是布朗大学政治经济学教授,他也是话语制度主义的坚定倡导者。但是他的分析框架与施密特并不尽然相同。其中,最为特殊的一点是布莱斯非常善于把话语制度主义与理性制度主义或者历史制度主义进行融合,当然在这一过程中话语制度主义是主体。本文把布莱斯的路径称为实用话语制度主义(pragmatic discourse institutionalism),而把施密特的路径称为本体话语制度主义(ontological

---

[1] Vivian Schmidt, "Speaking to the Markets or to the People? A Discursive Institutionalist Analysis of the EU's Sovereign Debt Crisis", *British Journal of Politics and International Relations*, 2014, 16(1), pp.188-209.

discourse institutionalism)。在过去 10 多年中,布莱斯在危机与变迁、比较经济政策、欧洲政治、意识形态等领域发表了大量有影响的成果。他早期的著作《大转型:20 世纪的经济思想与制度变迁》讨论了在什么情况下观念能够导致制度发生变迁①。在这本书中,他没有像施密特那样完全把讨论集中在话语层面;相反,他加入了一些历史的结构性因素和行动者的理性选择因素。

话语制度主义的兴起是否能够再次掀起理论研究的范式转变?对此,笔者持否定的态度。诚如上文所述,话语制度主义的兴起已经在西方学界产生了广泛的影响,但是它并没有促使学界放弃其他三种新制度主义路径。一方面,越来越多的学者循着施密特的本体话语制度主义路径在推进理论创新,这些理论工作挑战了其他三种新制度主义的解释力;但是另一方面,也有部分学者沿着布莱斯的实用话语制度主义进行理论探讨,这些理论工作恰恰融合和丰富了其他三种新制度主义。在这两种思潮的影响下,话语制度主义同时表现出超越和回归的趋势。此外,从根本理论框架出发,话语制度主义还是制度导向的,这一点与其他三种新制度主义路径是完全一致的,因此话语制度主义很难从根本上进行范式革新。还需值得注意的是,美国学术界重新对 100 多年前的实用主义哲学产生浓厚兴趣。约翰·霍普金斯大学曾经是实用主义哲学的诞生地,如今以政治学系尼古拉斯·雅贝克(Nicolas Jabko)教授为主的比较

---

① Mark Blyth, *Great Transformations: Economic Ideas and Institutional Change in the Twentieth Century*, Cambridge University Press, 2002.

政治学者试图再次从实用主义哲学中汲取营养,推进制度主义研究和比较政治学研究。这一系列因素都促使不同理论学派之间进行折中和交流,而不是取代和替换对方。

第三节　新制度主义影响下的政党体制研究

早期的政党体制研究与进入21世纪以来的政党体制和政党制度化研究还是存在较大不同的。前者主要以政党体制的静态比较作为政党制度化研究的主要抓手,后者在一定程度上可以理解为20世纪80年代兴起的新制度主义在政党领域的全面应用。正是得益于新制度主义所提供的广泛的研究视角,21世纪以来的政党制度化研究在内容上突破了早期政党制度化研究的禁锢,进入了一个内容丰富多元的阶段。

具体来看,这些最为前沿的政党制度化研究包括两个方面。一方面,用历史制度主义、理性选择制度主义和社会制度主义三大路径来分析政党与政党体制的制度化问题。例如,英国诺丁汉大学的费尔南多·贝尔托亚(Fernando Bertoa)副教授从社会制度主义的视角出发重新审视了早期政党体制制度化中的"李普赛特和罗肯假设",指出了社会缝隙形成的社会过程对于政党体制制度化形成的重要作用[①]。另一方面,用政党研究作为新的问题场域来检验、丰富和发展制度变

---

① Fernando Casal Bértoa, "Party Systems and Cleavage Structures Revisited: A Sociological Explanation of Party System Institutionalization in East Central Europe", *Party Politics*, 2014, 20(1), pp.16-36.

第三章 政党体制

迁、制度改革和制度演进等制度理论。比如,美国杜克大学凯伦·瑞莫教授(Karen Remmer)以拉美国家20多年的选举改革和政党变革作为案例检验了比较政治学中的制度变迁理论的效度和解释力①。正是因为政党制度化研究实现了一种双向的理论互动,因此发表在《政党政治学》(Party Politics)上的20多篇政党制度化研究论文的引用量总和达到了2 000次左右,产生了比较大的影响力。

在政党体制的制度化形成方面,很多学者在21世纪将注意力从成熟的民主国家转向了新兴民主国家。维基·兰德尔(Vicky Randall)和拉斯·司瓦桑德(Lars Svasand)认为,在分析新兴民主国家的政党体制制度化之前,有必要从内部、外部、结构和态度四个维度先对政党制度化进行必要的考察和分析②。非洲的政党体制研究尤其吸引了学者的关注。米歇尔·库恩兹(Michelle Kuenzi)和吉娜·拉姆布莱特(Gina Lambright)对非洲30个国家的政党体制制度化情况进行了细致的考察,并且在此基础之上,对比了非洲的情况与拉美洲的情况。他们的研究有两个主要的发现:一是,非洲国家的政党体制制度化水平总体上比拉美要低;二是非洲国家实行民主制度时间的长短对政党体制的制度化水平具有重要的影响③。政党

---

① Karen Remmer,"The Politics of Institutional Change: Electoral Reform in Latin America, 1978-2002", *Party Politics*, 2008, 14(1), pp.5-30.
② Vicky Randall and Lars Svåsand,"Party Institutionalization in New Democracies", *Party Politics*, 2002, 8(1), pp.5-29.
③ Michelle Kuenzi and Gina Lambright, "Party System Institutionalization in 30 African Countries", *Party Politics*, 2001, 7(4), pp.437-468.

体制制度化水平低只是非洲政党体制的一个显著特点,另外一个主要的特点是碎片化水平低。沙比恩·莫扎法(Shabeen Mozaffar)和詹姆斯·斯嘉丽特(James Scarritt)对非洲政党体制制度化的低碎片化和高波动性进行了原因分析。从历史制度主义的视角出发,两位学者认为在非洲历史上存在的殖民主义制度遗产对后来很多国家的政党体制产生了重大的影响①。

在新制度主义的影响下,一些学者对于政党体制的研究更加关注政党所处的制度环境影响。在20世纪下半叶,一个重要的制度环境变化就是政党的卡特尔化。随着政党内部党员的减少和政党组织机构的松散,政党不得不与国家发生更多的关联,从而成为国家的一部分。这一重大的制度环境变化对于政党体制的影响不可小觑。政党是从社会部分中发展出来的,政党的竞争在很长一段时间也是围绕着对社会群体的争夺而发生的竞争。那么,在新的制度环境下,政党竞争在发生重大的改变,资本和技术的力量已经基本上取代了党员的力量,政党竞争的格局也发生了变化。从萨托利开始,衡量政党竞争的规模和态势成了分析政党体制的重要标准。那么当政党竞争的制度环境发生了改变之后,我们该如何重新思考政党体制呢?在这个问题上,鲁西阿诺·巴迪(Luciano Bardi)和彼得·梅尔(Peter Mair)作出了开拓性的贡献,他们认为,学者应该在垂直维度、水平维度和功能维度上建立新的

---

① Shaheen Mozaffar and James R. Scarritt, "The Puzzle of African Party Systems", *Party Politics*, 2005, 11(4), pp.399-421.

参数来衡量政党体制尤其是政党互动关系①。

限于篇幅,本章不能对更多的政党体制研究进展进行更为详细的介绍和案例分析。总体上来讲,新制度主义的兴起对政党体制研究的影响非常深远,极大地拓展了这个议题的研究深度和广度。尤其是随着非洲和亚洲新兴国家政党体制的研究热度不断升温,比较政治学中的新制度主义与比较政党研究正在进行知识"反哺",未来的发展前景更为可观。

---

① Luciano Bardi and Peter Mair, "The Parameters of Party Systems", *Party Politics*, 2008, 14(2), pp.147-166.

第四章 政党建设

政党建设是政党发展的重要内容。尽管国外学术界没有专门把政党建设作为一个专门的研究对象提出来,但是西方政党建设研究的内容却比较集中和丰富。第一节将讨论政党与西方民主体制的关系;第二节将聚焦党外民主与党内民主的联系;在第三节,本书将简要介绍西方党内民主的理论;第四节和第五节将分别转入政党资金和政党形象(品牌)的讨论。

第一节 政党与西方的民主体制

政党从诞生的那一天起就与西方的民主紧密地联系在了一起。美国著名的政治学家埃尔默·谢茨施耐德(Elmer Schattschneider)在其名著《政党政府》中写过著名的一句话:"政党创造了民主,没有政党,现代民主就无法保存。"[①]按照西方政治学的学科划分,政党研究属于典型的政治科学研究,而民主理论研究属于典型的政治理论、哲学研究。在历史上,政治科学与政治哲学是紧密联系在一起的。例如,在大卫·

---

① Elmer Schattschneider, *Party Government*, Holt, Rinehart and Winston, 1942, p.1.

休谟和埃德蒙·柏克时代,这些哲学学者恰恰是实证研究领域的倡导者和先行者。这一传统在马克斯·韦伯(Max Weber)、莫塞伊·奥斯托洛格尔斯基(Moisei Ostrogorsky)和罗伯特·米歇尔斯(Robert Michels)时代不仅被继续保持而且被发扬光大了。

但是从20世纪下半叶开始(肇始于行为主义革命),很多学者已经注意到政治科学和政治哲学的分离趋势。从程序上来讲,一个广泛流行的观念就是,政党是民主有效运转的一个重要条件。熊彼特对民主下的一个经典的定义就是,政党精英通过选举实现权力更替[1]。亨廷顿对民主巩固的研究得出的结论是,最少经历两轮政党轮替才能表明民主得到了巩固[2]。然而,随着政治科学和政治哲学"分家",这种程序上的重要性并没有使政党在民主理论家那里得到足够的重视和尊重。与此同时,民主研究的成果也没有在政党学者群体中得到广泛讨论。对此,英格里德·冯碧珍(Ingrid van Biezen)和迈克尔·苏厄德(Michael Saward)专门发文作出如下判断:从理论层面,政党学者与民主理论家互相忽视了彼此,没有形成理论照应[3]。表4-1系统地对民主理论家和政党研究者对民主的不同分析路径进行了比较。

---

[1] Joseph Schumpeter, *Capitalism, Socialism and Democracy*, Routledge, 2010.
[2] Samuel Huntington, *The Third Wave: Democratization in the Late Twentieth Century*, University of Oklahoma Press, 1993.
[3] Ingrid van Biezen and Michael Saward, "Democratic Theorists and Party Scholars: Why They Don't Talk to Each Other, and Why They Should", *Perspectives on Politics*, 2008, 6(1), pp.21-35.

表 4-1 民主理论和政党研究:民主的不同研究路径

差异领域	差异本质	差异的源头	差异的后果
认识论立场	民主理论:规范性路径优先 政党研究:实证性路径优先	民主理论:根植于一种偏好演绎逻辑和公理性推理的哲学传统 政党研究:根植于一种偏好认知和观察的逻辑实证主义/经验主义传统	民主理论:通过抽象推理和逻辑自洽来提高论证;论点比实证层面的例子更重要;偶尔使用一些选择性的和孤立的案例来进行说明 政党研究:建立在对实证层面的实践性研究;通过分析那些有内容的外部案例来提高论证;规范性的假设不存在或者不明晰
分析层次	民主理论:侧重宏观/微观层面 政党研究:侧重中观层面	民主理论:是宏大理论;关心的是整个体制的组成性特征 政党研究:是中观理论;关心的是体制内的种种过程	民主理论:分析对象是更广泛的体制和国家正当性;把个人权利和宪法作为体制的"硬件" 政党研究:分析对象是介入国家和个人之间的调和结构;把政党作为体制的"软件"
目标定义	民主理论:把民主视为一种抽象和变化中的观念和充满偶然性的实践 政党研究:把民主看成一种情境性的和相对于研究对象的一种外生性的	民主理论:出现于现代代议制政府之前;长期以来对现代国家层面的超大民主存疑 政党研究:在代议制政府体制等同于民主这个理念出现之后	民主理论:对过去早期的直接民主共和政府观念非常怀念;对中介性的结构一直持怀疑态度 政党研究:基本上不关注历史;对民主不同的理解视而不见;是在一个非竞争性的民主界限内活动

(续表)

差异领域	差异本质	差异的源头	差异的后果
内容与程序	民主理论：强调民主的内容方面 政党研究：强调民主的程序方面	民主理论：使用一些永恒的和包含道德品质的原则（比如自由和平等） 政党研究：侧重于研究体制如何运转和如何实现这些永恒的原则	民主理论：侧重政策的实质内容和规范性维度 政党研究：侧重于政治的程序维度

资料来源：Ingrid van Biezen and Michael Saward，"Democratic Theorists and Party Scholars：Why They Don't Talk to Each Other，and Why They Should"，*Perspectives on Politics*，2008，6(1)，p.26。

我们从表4-1中可以发现，民主理论家和政党研究者在认识论立场、分析层次、目标定义以及内容与程序四个方面存在很大的差异。在认识论立场层面，民主理论家采用规范性的路径，而政党研究者利用实证主义的路径。这也再一次体现了政治科学与政治哲学在研究路径上的"分家"。之所以产生这种认识论层面的巨大差异，主要是由于民主理论研究根植于一种偏好演绎逻辑的哲学传统，而政党研究从柏克以来基本上是遵循一种基于观察逻辑的经验主义传统。在分析层次方面，民主理论抑或从宏观着手，抑或从微观着手。如果是从宏观层面入手，民主理论家关注的往往是宏观的民主理论。而政党研究的宏观理论在偶尔零星出现之后，大部分时间是以构建中观理论为主。中观理论在政党研究中的盛行也非常好理解。一方面，这是因为政党研究的实证主义传统天然对中观理论有青睐；另一方面，政党本身作为社会与国家的连接性组织，一直介于两大宏观场域之间。在目标定义方面，民主理论家和政党研究者的差异就更加显著。民主研究的历史比政党研究的历史悠久得多,在古希腊时代,亚里士多德就已经开始了对民主的研究,而对政党开展实质性的研究是代议制政府出现之后的事情。在悠久的民主研究历史中,民主的概念和思想是流动的、变化的,直到今天大部分民主理论家仍把民主视为一种抽象的和变化的观念和实践。政党研究者倾向于把民主看成一种相对固化的、外生性的制度实践。鉴于两者在目标定义层面上的不同,政党研究与民主理论在内容与程序方面自然也就不可能相同。民主理论家关注民主的内容方面;而政党研究者更加关注程序方面,侧重研究体制如何运转。

尽管民主理论家与政党研究者的分析路径不同,但是分析路径的不同并不意味着两者不能进行对话。未来的政党应该以打造开放型政党作为自己的目标和使命。政党要努力调整自身的组织结构,致力于实现党内的政治平等。政党对组织内部的协商民主应该抱有更加积极的态度,而不能只参与对外的选举民主。只有把协商民主和选举民主统一起来,政党的实践才能为民主的巩固和完善贡献自己独特的力量。在这种理论背景下,学者日益认识到党内民主研究的重要性。

第二节 从党外民主到党内民主

政党之间相互竞争的过程伴随着民众的政治参与和政府内阁的组成,整个过程实现了从民意到政策的良性互动,构成了党外民主的内核。政党政治研究者在很长一段时间是把党

第四章 政党建设

外民主作为一个完全独立的过程,没有与党内民主联系起来。事实上,研究党内民主具有如下一些重要的意义。

第一,党内民主与党外民主息息相关。西方意义上的政党以选举获胜为主要目标,而参与选举竞争从而代表社会部分利益执政是众多政党践行西方民主制的主要方式。这种党外民主的运行质量一方面取决于政党之间的关系,另一方面也取决于政党内部的关系。党内民主是关于政党内部关系的重要变量。如果党内民主开展得好,政党的领导层与基层能够实现良好的互动,政党的上层能够积极听取各个方面的建议和意见,那么这样的政党就能够为开展党外竞争建立良好的组织基础。如果党内民主运行不畅,政党的领导层高高在上,不仅脱离了群众也脱离了本党的党员,那么这样的政党往往也不会在政党竞争方面起到好的作用。党内民主的实践方式可以扩展到党外民主,进而影响国家整体的民主程度。党内民主的问题也可以为开展党外民主起到警示作用。

第二,党内民主的质量影响政党衰落的程度。本书第五章详细讨论了西方国家大规模党员锐减的现象,而这可能是诸多政党衰落的证据中最为直接的一个。党员的锐减导致政党与社会的连接出现了巨大的断裂,也影响了政党参与选举竞争的表现。那么阻止政党衰落的趋势就需要从政党的内部和外部两个方面着手。在政党外部,政党需要重塑党群连接机制,注意吸纳社会的意见。政党只有保持充分的"社会在场",才能避免进一步衰落。与此同时,政党也需要努力修炼"内功",加强内部组织民主建设。美国著名学者阿尔伯特·赫希曼(Albert Hirschman)指出,面对组织的衰落,组织内部的成员往往有退出、呼吁和忠诚三种反应①。党员人数锐减说明很多成员是选择了退出，一些成员继续留在政党内是体现了他们对政党的忠诚。与此同时，政党领导层也应该重视他们的呼吁和心声。政党高层能够听取党内各方的意见，党内成员能够参与组织的决策，政党领导人的选择能够采取民主的方式。这些因素都能够增强组织的适应能力，避免政党衰落呈现进一步加剧的态势。

第三，党内民主的研究有助于打开政党内部的黑箱。政党作为政治组织，内部运作的方方面面很难被外界所了解。米歇尔斯的"寡头统治铁律"从组织内部的角度对政党进行了细致的研究，分析了党内民主随着政党规模的扩大而面临的挑战。这样的研究对于我们加深对政党内部的了解还是过于宏观，不能从更加细致的角度出发来打开政党内部的黑箱。事实上，政党内部的很多问题值得我们关注和思考。例如，政党的领导人是如何被选择出来的？他们如何对本党负责？有些政党可能是采用党员一人一票的方式来选择本党的领导人，而其他一些政党是用代表团的形式在本党的大会上选择领导人。从这两种不同的政党选择方式就可以看出政党内部的运行有很多不同的特点。如果是按照一人一票的方式来选举本党领导人，那么可以看出，这样的政党更加关注在党内营造一种平等和广泛参与的作风。而采用代表团的形式的政党给人的感觉是倾向于集体决策。另外代表团的组成也有多种

---

① Albert Hirschman, *Exit, Voice, and Loyalty: Responses to Decline in Firms, Organizations, and States*, Harvard University Press, 1970.

方式方法。可以按照地区平衡来组成代表团,也可以按照性别平等来组成代表团,当然也可以采取其他体现包容性的方式方法。研究党内民主是我们打开政党内部黑箱的一个绝佳的视角。

第三节 西方党内民主的理论

西方党内民主的研究主要肇始于米歇尔斯的研究。而米歇尔斯对政党的考察是基于对群众型政党的考察。在精英型政党阶段,政党的规模普遍较小,党内民主问题不是那个时期的主要问题。而随着选举权的扩大和民众政治参与热情的高涨,群众型政党的规模急剧扩大,内部的组织问题和党内民主问题成为重要的问题。党内民主研究的重要性在迪韦尔热的研究中也能体现出来[①]。随着后来越来越多的政党政治学者开始研究党内民主,更多的议题、理论和视角被发掘出来。

首先,关于西方党内民主的"民主"问题。对于党外民主,即西方国家普遍实行的国家层面的民主体制,学术界的研究已经汗牛充栋。对于党内民主的"民主",学者主要有两种理解。第一种理解的关注点是政党中的党员。从委托代理模型出发,政党是一部分拥有共同信念、原则和偏好的人组成的政治组织。那么在这样的政党中,党员是真正的主人,政党领导

[①] 在《政党论》一书中,迪韦尔热提出,现代政党的主要特征在于他们的结构。Maurice Duverger, *Political Parties: Their Organization and Activity in the Modern State*, Meuthen, 1954。

人是这些党员的代理人。从这个角度出发,党内民主就是党员作主,领导人执行政党成员的意愿。第二种理解的关注点是政党中的领导人。熊彼特的民主观认为民主的核心是政党精英竞争公共职位。众多秉持这种观点的人认为,民主的实现关键是精英在做什么,而不是普通人在做什么。政党组织只是政党精英的支持者们组成的一个政治组织。这些支持者可以选择离开、发声与忠诚,但是他们不应该是政党的主角,因为主角是政党的领导人。在这种情况下,党内民主的关键是确保最合适的领导人能够一直领导政党。

其次,关于西方党内民主的"重点"问题。正如党外民主涉及很多因素一样,党内民主也涉及众多问题。简单来讲,很多学者认为党内民主是关于领导层还是普通成员来决定政策的问题。但是即使是这个简单的理解,这里面也涉及参与、范围、机制等问题。如果认为普通成员参与决策是党内民主的重点的话,那么应该允许多少普通成员参与决策?哪些决策应该允许普通成员参与,哪些决策不允许?党员参与决策的机制是什么?这些问题都只是从最简单的视角来理解党内民主的重点。如果从更为复杂一些的视角出发,那么党内民主还包括选举领导人、派系、党员的权利与义务和领导的形式等问题。有些人认为选举领导人是党内民主的重点问题[1],

---

[1] 领导人的选举方法问题是党内民主的研究重点。这方面的研究请参考:Reuven Hazan and Gideon Rahat, *Democracy within Parties: Candidate Selection Methods and Their Political Consequences*, Oxford University Press, 2010; Dennis Spies and Andre Kaiser, "Does the Mode of Candidate Selection Affect the Representativeness of Parties?", *Party Politics*, 2014, 20(4), pp.576-590。

因为领导人是政党的标识,尤其在政党政治更加个人化的今天,领导人的作用太重要了。如果派系关系是党内民主的重点,那么就会衍生出更多的研究问题。而且可能在不同的国家、不同的政党体制中,党内民主的重点也是不一样的。正如前文所述,党外民主与党内民主是息息相关和相互影响的。例如,两党制国家与多党制国家中政党的外部环境是迥然不同的,那么其党内民主的重点往往也是不一样的。此外,新兴政党与传统的老党的党内民主的重点也会有很大差别,例如,绿党和多数的极右翼政党与传统的工党、社会党和基督教民主党对于党内民主的认识就存在很大的差别。

再次,关于西方党内民主的"必要性"问题。从政党与民主的关系上,很多学者认为党内民主对于政党必不可少。尤其是在过去的几十年,很多学者认为政党衰落的发生有一个很重要的原因就是,政党变得太等级化。所以,这些学者把党员锐减与践行党内民主联系起来。对于这一点,并不是所有学者都表示认同。理查德·卡茨认为,党员锐减与党内民主无关,更多情况下是由外部社会环境的变化所导致的[①]。目前还没有研究能够完全证实或者证伪党员锐减与党内等级化的关系。或者从另一个角度来讲,如果从 20 世纪 80 年代开始,主流政党开始大力推行党内民主的种种制度和实践,政党衰落就能避免吗?正如本书第一章所谈到的 20 世纪后期的世界大变化,与政党相关的重大变化主要包括三个方面。第一,发达工业国家开始步入后现代社会。公民的认知体系和

---

① William Cross and Richard Katz, *The Challenges of Intra-Party Democracy*, Oxford University Press, 2013, p.174.

价值观念已经发生了巨大的变化。第二,公民的政治热情在逐步降低。随着体育、娱乐活动越来越发达,这些非政治领域开始占据普通公民更多的时间。人们对待国家政治生活的严肃精神正在被很多非政治因素消解。第三,第四次工业革命方兴未艾。以互联网、新型通信技术、5G、基因治疗、大数据、人工智能为代表的新技术革命浪潮,正在迅速改变人们的生活和彼此的互动关系。这些技术变革对于社会的冲击包括对于政党的冲击,也是我们始料未及的。

最后,关于西方党内民主的"形式"问题。从上文关于党内民主的重点来看,党内民主的实现形式可以多种多样。无论是领导人的选举方式、党员的权利和义务,还是领导的形式,这些党内民主的形式都没有脱离党外民主的限制。当前党外民主(政党竞争的选举民主)的主要形式可以被概括为选票的加总。选票是民意的最直接的体现,选票的加总表明党外民主最核心的逻辑就是计算。无论是美国的总统大选、国会选举、州长的选举、州议会的选举,还是英国首相的选举、英国议会的选举、英国脱欧的公投,这一切政治活动的关键都是计算。只要计算出的结果满足规定好的要求,特定的结果就要被尊重。英国2016年脱欧公投的结果显示超过50%的人投票要求脱欧,所以卡梅伦政府就倒台了,英国就开始了脱欧的进程。在美国2016年的总统选举中,因为特朗普的选举人票超过了270张,他就赢得了大选当选为美国的总统。这种民主的计算逻辑很早就被美国学者认识到了。詹姆斯·布坎南(James Buchanan)和戈登·图洛克(Gordon Tullock)于1962年出版的《同意的计算:立宪民主的逻辑基础》一书就研究了理性公民在面对各种立宪民主的选择时所涉及的计算问题①。

党外民主的计算逻辑深深地影响了党内民主的形式选择。传统的党内民主的实现形式基本上也是继承了这种计算的逻辑。最新的理论进展是引入协商的逻辑来丰富和发展党内民主的形式。协商民主在民主理论研究中成了一个重要的趋势。简·曼斯布里奇(Jane Mansbridge)和约翰·德雷泽克(John Dryzek)等人的研究获得了广泛的学界关注和认可②。党外民主中的协商民主的兴起和发展也影响了党内民主的实现形式。也就是说，党内民主的形式也可以是协商的，而不仅仅是计算的。法比奥·沃肯斯坦(Fabio Wolkenstein)在2018年发表了一篇论文，提出了超越计算逻辑的党内民主模式③。他重点分析了协商逻辑引入党内民主的规范性观点和现实条件。在理论上，党内民主引入协商的逻辑可能比党外民主引入协商的逻辑更容易成功。因为协商的发生需要一定的条件，对协商对象的要求比较高。而能够加入一个政党，这些党员的教育背景、公民素质、政治倾向往往比较接近，协商民主就更容易落地。

---

① James Buchanan and Gordon Tullock, *The Calculus of Consent: Logical Foundations of Constitutional Democracy*, University of Michigan Press, 1962.
② John Dryzek, *Deliberative Democracy and Beyond: Liberals, Critics, Contestations*, Oxford University Press, 2002.
③ Fabio Wolkenstein, "Intra-Party Democracy beyond Aggregation", *Party Politics*, 2018, 24(4), pp.323-334.

第四节 政党资金

上文对党内民主的经典理论和最新发展趋势进行了介绍,下文将转向政党资金和政党形象的分析。与党内民主相比,政党资金和政党形象的研究相对来讲属于更加"年轻"的话题。在政党资金方面,开展的最早和成果最多的是关于美国政党的资金研究,目前也有更多国家的政党资金问题引起了学术界的重视。政党形象研究在欧洲和拉美政党研究中属于比较新颖的话题。

为什么要研究政党资金?这个问题其实很容易回答。政党作为一个政治组织,它的运行既不能离开人,也不能离开钱。赫伯特·亚历山大(Herbert Alexander)提出,资金是政治权力的一个要素,因为它能买到志愿活动不能或者买不到的东西[①]。没有资金的支持,政党的各项活动都无法开展。而且现代民主的运行已经变成了一桩相当昂贵的事情。例如,美国总统大选和印度的全国大选都要耗费 70 亿美元左右的资金。即使政党不参与花费不菲的选举竞争,政党内部的各种活动包括领导人的选举和日常运行等活动都需要大量的资金支持。在群众型政党时代,众多党员为本党提供了大量的资金,他们的党费成为政党的活动经费;他们的技能为政党

---

① Herbert Alexander, "Money and Politics: Rethinking a Conceptual Framework", in Herbert Alexander, ed., *Comparative Political Finance in the 1980s*, Cambridge University Press, 1989, pp.9-23.

提供了充足的劳动力,使得政党没有必要花费资金来弥补自身劳动力的不足。在这种情况下,政党基本上可以依靠自己实现初步的财政自足。如果党费不足以支撑政党的活动花销,政党可以从其他组织中获得一些捐款或者经营一些产业。而到了卡特尔政党时代,随着党员人数的下降和自身募集资金能力的下降,政党不得不向国家靠拢,利用国家公共资金来支持自身的运行。

对于政党资金从群众型政党的自给自足型走向卡特尔政党的国家依赖型,约翰森·霍普金(Jonathan Hopkin)提出了一个理性选择理论模型来解释群众型政党的自给自足型政党资金的不可持续性[①]。按照集体行动的逻辑[②],在一个规模较大的组织中(比如群众型政党),众多成员都无法避免的一个问题就是"搭便车"(free-rider)的问题。当普通成员向本党贡献资金和技能来支持本党的各项活动的时候,因为无论他们贡献多少,他们都均等地享受本党所带来的益处,所以必然造成有些成员倾向于少贡献甚至不贡献。此外,因为群众型政党的规模较大,很多党员倾向于认为自己的贡献太少而变得不重要,因此也会减弱他们作出资金贡献的动机。在此基础上,霍普金总结了四种政党募集资金的策略和提出了自由民主和大众民主模式下的政党资金视角。

贾斯汀·费舍尔(Justin Fisher)和托德·艾森斯塔特

---

① Jonathan Hopkin, "The Problem with Party Finance: Theoretical Perspectives on the Funding of Party Politics", *Party Politics*, 2004, 10(6), pp.627-651.

② Mancur Olson, *The Logic of Collective Action*, Harvard University Press, 1965.

(Todd Eisenstadt)提出学界对政党资金关注的三个方面的议题：政党收入、政党支出和监管①。一些研究表明，政党需要募集资金主要是出于三个目的：选举竞选的开支、在选举间歇期维持组织的运转和为本党领导层和代表提供研究和其他支持②。而在政党收入方面，最需要防范的就是政党获得非法收入，包括违法的捐款、包含交易内容的捐款和来源不明的资金。美国的政党及其政党候选人在联邦、州、市选举中花费巨大，没有足够的资金支持，选举活动无法开展。在其他国家，政党收入也已经成为一个非常紧要的问题。例如，美国学者马修·卡尔森（Matthew Carlson）以日本为例讨论了政党获得国家的拨款对自身的影响。他的研究成果说明，国家对政党的财政补贴主要是充实了政党组织的资金，而对政党的选举候选人的资金支持却很少③。政党支出之所以是政党资金研究方面的重要课题是因为政党支出会强烈影响选举的公平性。一般来讲，支出越多就越能够在选举中获胜，所以资金实力越强的政党越能够在选举中占据优势。过去几十年里，在类似美国和印度等国家中，政党投入到选举中的资金量已经增长到惊人的地步。这是因为这些政党都相信"金钱能够买

---

① Justin Fisher and Todd Eisenstadt, "Comparative Party Finance: What Is to Be Done", *Party Politics*, 2004, 10(6), pp.619-626.
② Khayyam Paltiel, "Campaign Finance: Contrasting Practices and Reforms", in David Butler, Howard R. Penniman and Austin Ranney, eds., *Democracy at the Polls*, American Enterprise Institute, 1981, p.139.
③ Matthew Carlson, "Financing Democracy in Japan: The Allocation and Consequences of Government Subsidies to Political Parties", *Party Politics*, 2010, 18(3), pp.391-408.

来选票"。在这个意义上,资金就成为左右选举的最重要变量,公民的政治参与因此变得无足轻重。但是这并不是说不允许政党增加自己的支出。作为在野党的候选人,他们往往需要投入更多的资金来对当政者发起竞选挑战。一些研究表明,挑战者投入更多的资金往往是有效的选举策略①。因此,政党支出的关键是确保"财政公平",避免资金的使用削弱了政治参与的重要性。在美国,美国法律对于共和党和民主党的募集和使用资金的方式和方法有着很细致的规定。

政党资金监管之所以成为一个重要的研究问题,是因为政党所牵扯的资金量越来越大和资金链条越来越复杂。而且很多时候,这些资金流动的背后是利益的交换,包括非法利益的交换。此外,因为政党从国家公共资金中也获取了很多资金支持,因此有必要接受国家的监管。在政党资金监管方面,有些学者的关注点是放在了监管机构上。他们认为监管机构的形式和特点对政党资金监管有重要影响。例如,路易斯·迪索萨(Luís de Sousa)关注了葡萄牙从双重监管机构转变为单一监管机构所产生的新变化和影响②。而很多学者坦言,政党资金监管在落地过程中面临着诸多挑战③。其一,政党不愿意积极配合监管机构如实汇报自己的资金使用情况。其

---

① Ron Johnston and Charles Pattie, "The Impact of Spending on Party Constituency Campaigns in Recent British General Elections", *Party Politics*, 1995, 1(1), pp.261-273.
② Luís de Sousa, "New Challenges to Political Party Financial Supervision in Portugal", *South European Society and Politics*, 2014, 19(1), pp.113-134.
③ Justin Fisher and Todd Eisenstadt, "Comparative Party Finance: What Is to Be Done", *Party Politics*, 2004, 10(6), p.623.

二,捐款者也没有积极性充分按照国家规定来对政党提供资金支持。在这种情况下,政党资金监管往往只有在出现丑闻的时候才能开展实质性的工作。尽管依然困难重重,但是对政党资金进行全面的监管是大势所趋,这方面的研究也需要引起更多的关注。

第五节 政党形象

政党形象是关于政党被民众所感知的一种外在形象和印象。政党作为一个组织,就如同公司和其他组织一样,都会在社会中建立起一个被民众广泛接受的形象。这种形象认识可以如"保守"或者"自由"等比较抽象,也可以如"支持控枪""排外"等比较具体。研究选举政治的学者很早就注意到了政党形象对于选举的重要意义[1]。美国学者亚瑟·桑德斯(Arthur Sanders)根据政治、经济、社会和外交等议题构建了一个系统的政党形象测量体系[2]。随后,关于政党形象的研究进一步扩展到关于政党声誉(party reputation)和政党品牌(party brand)等领域。

在政党声誉方面,学者关注了政党声誉与政策的关系、政

---

[1] Richard J. Trilling, "Party Image and Electoral Behavior", *American Politics Quarterly*, 1975, 3(3), pp.284-314; Martin P. Wattenberg, *The Decline of American Political Parties, 1952-1996*, Harvard University Press, 2009.
[2] Arthur Sanders, "The Meaning of Party Images", *Western Political Quarterly*, 1988, 41(3), pp.583-599.

党领导人声誉以及政党声誉的变迁等问题。约瑟夫·哈灵顿(Joseph Harrington)通过研究发现,政党能否保持一个稳定的温和的政党纲领对于该党的选举结果有很大影响①。因此,在实际政治生活中,我们会发现很多政党的领导人下台之后,他们的继任者往往会采取与前领导人非常接近的政策立场,避免出现巨大的政策立场波动。政党的声誉不仅包括本党自身的声誉,更包括政党领导人的个人声誉。尤其是在政党政治变得越来越个人化的今天,领导人的声誉对政党声誉的影响太大了。加里·戴维斯(Gary Davies)和塔克·米安(Takir Mian)从实证的角度对政党领导人的声誉与政党声誉之间的关系做了细致的研究。他们发现,领导人的声誉对于政党的声誉是有影响的,但是政党的声誉却不会影响领导人的声誉②。这个研究发现对于日益个人化的政党政治有重要的启示意义。它说明政党会更加注意维护领导人的声誉,因为提升政党本身的声誉是比较困难的,但是提升领导人个人的声誉相对来讲却是容易的。另外一个重要的研究问题是测量政党声誉的变迁。在这方面,杰瑞米·波普(Jeremy Pope)和约翰森·沃恩(Jonathan Woon)做了开创性的研究。他们用数据测量了美国共和党和民主党1939—2014年政党信誉的变化情况。他们研究发现,民主党在社会福利方面具有很

---

① Joseph Harrington Jr., "The Role of Party Reputation in the Formation of Policy", *Journal of Public Economics*, 1992, 49(1), pp.107-121.
② Gary Davies and Takir Mian, "The Reputation of the Party Leader and of the Party Being Led", *European Journal of Marketing*, 2010, 44(4), pp.331-350.

好的声誉,而共和党在税收和法律与秩序方面的声誉在下降①。这些研究为我们从更长的时间跨度内理解政党的声誉变化带来了很多的启示。

政党品牌是近年来研究较多的一个理论问题。在市场营销学中,品牌营销是一个非常重要的研究领域。在政党政治中,政党品牌研究可以被看作政党声誉研究中的一个分支。唐纳德·斯托克斯(Donald Stokes)提出,一个政党的声誉包括标识(label)和品牌(brand)两个部分②。丹尼尔·巴特勒(Daniel Butler)和埃莉诺·鲍威尔(Eleanor Powell)对政党品牌本身进行了细致的研究。他们提出了政党品牌的二阶理论,即政党品牌包括政党政策品牌和政党效价(valence)品牌③。在政党品牌研究中另外一个知名的学者是诺姆·鲁普(Noam Lupu),他探索了政党品牌稀释与政党崩溃之间的关系。在政党崩溃的研究中,传统的理论主要是以经济绩效作为主要的解释变量,认为如果执政党没有把经济治理好就会导致政党崩溃。鲁普认为,经济绩效固然重要,但是政党品牌的重要性不容小觑。他以拉丁美洲的政党崩溃现象入手,指出政党品牌遭遇稀释变得模糊不清的时候,一旦执政党的执

---

① Jeremy Pope and Jonathan Woon, "Measuring Changes in American Party Reputations, 1939-2004", *Political Research Quarterly*, 2009, 62(4), pp.653-661.
② Donald E. Stokes, "Spatial Models of Party Competition", *American Political Science Review*, 1963, 57(2), pp.368-377.
③ Daniel Butler and Eleanor Neff Powell, "Understanding the Party Brand: Experimental Evidence on the Role of Valence", *The Journal of Politics*, 2014, 76(2), pp.492-505.

政水平下降,经济治理成效不好,就容易发生政党崩溃的现象①。他的研究启示我们政党建设一定要关注本党的品牌,政党品牌虽然是外在的,但是也是政党安身立命的重要因素。

---

① Noam Lupu, "Brand Dilution and the Breakdown of Political Parties in Latin America", *World Politics*, 2014, 66(4), pp.561-602.

第二部分

国外政党政治的前沿议题

本部分聚焦国外政党政治前沿问题。从20世纪末到21世纪初，政党政治领域出现了很多新现象、新问题和新特点，需要引起我们的密切关注。

在这些前沿议题中，本书重点讨论四个西方学术界关注度颇高的议题。第一个议题是党员规模与党群机制再造。任何一个政党都无法完全脱离党员，而西方国家从20世纪60年代开始普遍出现党员人数下降的问题，这一现象引起了学界的关注。第二个议题是政党、选举与新技术革命。我们现在正处于第四次工业革命时代，第四次工业革命对政党与选举的影响已经初露端倪。考察政党如何适应新技术变革是学术界的前沿议题。第三个议题是政党政治的极端化。以极右翼和民粹主义政党为代表的政党极端化现象，正在发展成为一种全球现象。政党极端化产生的原因和带来的影响需要我们密切关注。第四个议题是反思欧洲中心论下的政党研究。在欧洲中心论的政党研究中，西方政党政治最受关注，而其他国家政党政治的丰富实践很难进入学界的视野。近年来，反思欧洲中心论下的政党研究日益引起学界重视，逐渐成为国外政党政治研究的一个新的理论增长点。

第五章　党员规模与党群机制再造

世界政治中的政党发展从来都不是一帆风顺的。西方的政党政治也曾经出现过多次危机。在历史上,政党政治在迎来新的发展的过程中往往也伴随着政党危机的挑战。到了20世纪下半叶,西方政党再次面临一个严重的危机:党员锐减问题。这一章将简要回顾两次主要的政党危机,接下来重点讨论西方政党在20世纪末开始愈演愈烈的党员锐减危机。本章最后一部分,笔者试图探讨,在党员不断减少的情况下,政党如何保持与社会的联系,以及实现新的党群机制再造。

第一节　历史视域中的政党危机

政党作为一种现代政治组织,它的存在必须依赖一定的政治、经济和社会条件。政党政治的发展在历史上曾经遭遇过多次危机,尤其是合法性危机。限于篇幅,本书将主要介绍两次政党危机:精英政党阶段的危机和意识形态剥落后的危机。

英国和美国的政党是现代世界政党政治的发端。英国的辉格党和托利党以及美国的政党都是具有极强精英主义倾向的政党。在19世纪,随着工业革命的开展,工人阶级的力量不断壮大,其政治参与需求上升,社会力量对高层的政治竞争产生了浓厚的兴趣。精英政党如何回应这些社会阶层不断增长的政治参与需求就成了一项重大的挑战。如果在短时间内全面放开,精英政党将不复存在,精英阶层的利益也会受损。但是不开放政治空间,社会阶层的抗争迟早会爆发出来,最终一样会吞没精英阶层。面对这个政治参与问题,精英政党的逻辑是有序地逐步开放。渐进式开放政治空间一方面能够确保精英阶层在政党模式发生转变之后,依然能够控制这些政党,为自己的政治利益服务;另一方面能够满足民众不断增长的政治参与需求,实现社会的稳定。总体上来讲,精英政党向群众型政党的转型是比较平稳的。在欧洲,工党和社会民主党等群众型政党的广泛建立和蓬勃发展,并没有颠覆政治精英利益的基本盘,也没有造成社会的剧烈波动和政治不稳定。

政党政治的第二个历史性危机是主流意识形态的剥落。从柏克时代开始,政党的建立一定要有核心的意识形态主张。在西欧国家,自由主义和保守主义是政党政治开端的主流核心意识形态。意识形态的鲜明特征能够确保政党突出自己的核心价值、目标、手段和路径,能够为自己获得选民支持提供思想基础。自由主义和保守主义之后,政党的意识形态谱系日益多元化。在工人运动兴起之后,社会主义的意识形态开始蔓延。左翼政党借助社会主义的意识形态开始登上历史舞台。在亚非拉后发国家,随着殖民主义的消散和民族国家的兴起,民族主义成了很多新兴政党的核心意识形态。意识形态的作用是巨大的,但是意识形态的时效性却限制了意识形态作用的持续发挥。在20世纪后半叶,很多政党的核心意识形态色彩在消退,取而代之的是各种政策主张。在特定情况下,政党为了赢得选举,提出的政策主张甚至会互相矛盾,也与自己之前奉行的意识形态相悖。赢得选举的诱惑促使政党逐渐放弃长期坚持的意识形态。但是失去了核心的意识形态,政党只能逐渐沦为选举的机器。价值理性和工具理性往往相伴相随,缺失一方都会造成遗憾的后果。逐渐褪去意识形态色彩的政党在选举竞争中获得了更多的灵活性,但是也失去了自己存在的思想基础和奋斗原则。在南美,一些老牌的政党之所以在政坛活跃几十年之后突然崩溃,部分原因就是自己长期坚持的意识形态被抛弃了,造成了选民的思想困惑①。当然,对意识形态问题的看法也要一分为二。因为有些意识形态是19世纪和20世纪早期的产物,已经不能适应时代变化的要求,政党放弃这些意识形态也无可厚非。但是问题的关键在于,政党如何适应意识形态的剥落?自己的合法性是否面临挑战?能否建立起新的与时代相适应的意识形态进而解决新的问题?部分政党已经对这些问题给出了自己的回答。比如,环保主义成为绿党的意识形态,为很多国家解决环保问题提供了政党基础;地区主义成为很多地区政党的意识形态,为维护本地区的利益作出贡献;那些传统大党也在积极调整自己的意识形态倾向,保持自己的影响力。

---

① Noam Lupu, "Brand Dilution and the Breakdown of Political Parties in Latin America", *World Politics*, 2014, 66(4), pp.561-602.

第二节　党员锐减成为新的政党危机？

特朗普曾经在共和党全国代表大会上骄傲地提到，共和党党内初选有1 200万人参与投票。这已经是美国几年来的新高了，但是美国有3亿多人，所以整个国家以共和党党员的身份进行投票的人还是比较少的，只相当于总人口的4%。美国公民政治参与热情的衰减表明了这个国家政党党员对党派认同的降低。当然，美国有自己特殊的国情，无论是共和党还是民主党，他们的党员都不像其他国家那样有着浓厚的党员色彩。判断一个人是共和党党员还是民主党党员主要是看他投票时的立场，而不是看他在日常生活中与政党组织的互动情形。尽管如此，很多研究还是发现，拥有党派认同的美国公民在逐渐减少。

其实不仅仅是美国，整个西方国家的政党都面临党员锐减的危机。政党学者借助欧洲政治研究联合会（European Consortium for Political Research，ECPR）的平台已经开展了三次大规模的党员情况调查。这三次调查的目的是摸底西方国家政党是否出现了党员危机。第一次调查是分析1960—1990年的党员情况，第二次调查是分析1980—2000年的党员情况，第三次调查则是分析21世纪第一个十年的党员情况。

一般来讲，政党研究界测量党员数量有三种方法。第一种方法就是直接计算一个政党正式党员的数量。这种方法简便易行，也能直接反映出党员情况在一定时期内的变化。

第五章　党员规模与党群机制再造

但是它也有局限性，其中最主要的问题是无法进行跨国比较。因为各个国家的党员基数不一致，所以从党员人数绝对值来进行跨国比较是不可行的。第二种测量党员数量的方法是计算党员与党内投票者的比率（英文是 M/V）。这个比率是可以用来进行跨国比较的，但是因为党员数量和党内投票者数量都处于变动之中，所以这个比率的变化有时候并不能非常准确地反映党员的情况。第三种测量党员数量的方法是计算党员人数与国家全体选民的比率（英文是 M/E）。这个比率的好处在于，不仅可以对一国进行时间序列分析，也可以用来横向与其他国家进行跨国比较分析，因此这一方法被政党学者广泛使用。那么在评估 M/E 变化结果的时候有两种通行做法。第一种是简单地看一下 M/E 的变化。它的做法就是下一个时间段的 M/E 减去上一个时间段的 M/E，以此结果来看党员对全体选民的比例在一定时期内是上升了还是下降了。第二个方法是把一个特定时期的 M/E 与政党建立初期的 M/E 进行比较，以此来做一个相对性的评估。

对西欧党员数量的第一次大规模测量是由美国约翰·霍普金斯大学政治学系教授理查德·卡茨和荷兰莱顿大学政治学教授彼得·梅尔主持的。理查德·卡茨曾经担任欧洲政治研究联合会的副主席，在政党研究领域耕耘了几十载。彼得·梅尔也是政党政治研究领域的著名学者。他以研究爱尔兰政党体制引起学界注意，曾担任期刊《西欧政治》的编辑。卡茨和梅尔两人多次合作，除了开展第一次大规模的西欧党员数量调查，他们最为人称道的是合作发表了《政党民主和政党组织的变化模式》一文①。

　　卡茨和梅尔组织的调查发现,从党员数量的绝对数值来看,一些国家出现了党员增长的情况而另外一些国家出现了减少的情况。这说明从 1960 年到 1990 年,西欧并没有出现一边倒的"党员崩溃"现象(丹麦和英国是符合党员崩溃的情况)。但需要注意到的一点是,随着 20 世纪后期第三波西方民主化浪潮的到来,西欧数国在这 30 年实现了民主转型,开放了党禁,允许选民参加不同政党。这也就意味着大规模的选民群体在这些新兴的西方民主国家扩展。那么在这种情况下,党员数量的停滞不变或者小幅增长,可能还是掩盖了实质上党员数量的减少。

　　那么从 M/E 的角度来看,西欧的情况就显得非常不理想(见表 5-1)。在十个被调查的国家中,有八个出现了明显的党员减少现象。其中情况最严重的是北欧国家丹麦。在 1960 年代的第一次选举中,丹麦党员人数占全体投票国民的比例是 21.1%,而在 1980 年代最后一次选举中,这一数字已经锐减到了 6.5%,下降了 14.6 个百分点。在此期间,唯一实现增长的是比利时和联邦德国,但是增长的幅度都比较小。比利时在此期间增长了 1.4 个百分点,联邦德国增长了 1.7 个百分点。

　　那么,不同的政党是否面临的情况不太一样呢?调查发现,西欧的共产党减少了大量的党员,这说明西欧民众对欧洲

---

① Richard Katz and Peter Mair, "Changing Models of Party Organization and Party Democracy: The Emergence of the Cartel Party", *Party Politics*, 1995, 1(1), pp.5-28.

表 5-1　11 个欧洲国家党员占全体选民的比例　　（单位：%）

国家	1960 年代 第一次选举	1980 年代 最后一次选举	差异
奥地利	26.2	21.8	-4.4
比利时	7.8	9.2	+1.4
丹麦	21.1	6.5	-14.6
芬兰	18.9	12.9	-6
联邦德国	2.5	4.2	+1.7
爱尔兰	无	5.3	无
意大利	12.7	9.7	-3
荷兰	9.4	2.8	-6.6
挪威	15.5	13.5	-2
瑞典	22	21.2	-0.8
英国	9.4	3.3	-6.1
平均值	14.6	10.5	-4.1

资料来源：Richard Katz and Peter Mair, et al., "The Membership of Political Parties in European Democracies, 1960-1990", *European Journal of Political Research*, 1992, 22(3), p.334。

的共产党开始失去兴趣。社会民主党在不同国家的表现是不一样的。有些国家的社会民主党丧失了很多党员，有些则没有。传统的自由党与社会民主党的表现比较类似，其党员发展情况在不同国家不尽相同。欧洲的八个基督教民主党在此期间表现还不错，没有发生大量党员减少的情况。而传统的保守党则没有这么幸运，是这一时期党员损失最多的政党类型。这说明，不同的政党在此期间所发生的变化是不一样的，有些政党比较好地迎合了时代的变化，留住了自己的党员，而有些政党则渐渐失去了支持者。

有了第一次的成功测量经历,后续开展更多的党员情况测量就变得顺理成章了。第二次党员数量测量由彼得·梅尔和英格里德·冯碧珍开展。冯碧珍毕业于莱顿大学,师从彼得·梅尔,她现在执教于莱顿大学,是西方政党政治研究中新生代学者里的佼佼者。这一次的党员情况调查覆盖了欧洲20个国家(见表5-2和表5-3)。相较第一次的调查,这次调查的样本更大、范围更广。

表5-2 1990年代后期20个欧洲国家的党员数量

国家	年份	全体党员数量(人)	党员数占全体选民的比例(%)
奥地利	1999年	1 031 052	17.66
芬兰	1998年	400 615	9.65
挪威	1997年	242 022	7.31
希腊	1998年	600 000	6.77
比利时	1999年	480 804	6.55
瑞士	1997年	293 000	6.38
瑞典	1998年	365 588	5.54
丹麦	1998年	205 382	5.14
斯洛伐克	2000年	165 277	4.11
意大利	1998年	1 874 040	4.05
葡萄牙	2000年	346 504	3.99
捷克	1999年	319 800	3.94
西班牙	2000年	1 131 250	3.42
爱尔兰	1998年	86 000	3.14
德国	1999年	1 780 173	2.93

(续表)

国家	年份	全体党员数量(人)	党员数占全体选民的比例(%)
荷兰	2000年	294 469	2.51
匈牙利	1999年	173 600	2.15
英国	1998年	840 000	1.92
法国	1999年	615 219	1.57
波兰	2000年	326 500	1.15
平均值			4.99

资料来源:Peter Mair and Ingrid van Bezen, "Party Membership in Twenty European Democracies, 1980-2000", *Party Politics*, 2001, 7(1), p.9。

表5-3 政党党员的变化(1980—2000年)

国家	时期	党员/选民比(M/E)的变化(%)	党员数量的变化(人)	党员数量变化的比例(%)(以初始党员为参照)
法国	1978—1999年	-3.48	-1 122 128	-64.59
意大利	1980—1998年	-5.62	-2 091 887	-51.54
英国	1980—1998年	-2.2	-853 156	-50.39
挪威	1980—1997年	-8.04	-218 891	-47.59
捷克	1993—1999年	-3.1	-225 200	-41.32
芬兰	1980—1998年	-6.09	-206 646	-34.03
荷兰	1980—2000年	-1.78	-136 459	-31.67
奥地利	1980—1999年	-10.82	-446 209	-30.21
瑞士	1977—1997年	-4.28	-118 800	-28.85
瑞典	1980—1998年	-2.87	-142.533	-28.05
丹麦	1980—1998年	-2.16	-70 385	-25.52

(续表)

国家	时期	党员/选民比(M/E)的变化(%)	党员数量的变化(人)	党员数量变化的比例(%)(以初始党员为参照)
爱尔兰	1980—1998年	−1.86	−27 856	−24.47
比利时	1980—1999年	−2.42	−136 382	−22.1
德国	1980—1999年	−1.59	−174 967	−8.95
匈牙利	1990—1999年	+0.04	+8 300	+5.02
葡萄牙	1980—2000年	−0.29	+50 381	+17.01
斯洛伐克	1994—2000年	+0.82	+37 777	+29.63
希腊	1980—1998年	+3.58	+375 000	+166.67
西班牙	1980—2000年	+2.22	+808 705	+250.73
波兰	2000年	无	无	无

资料来源：Peter Mair and Ingrid van Bizen,"Party Membership in Twenty European Democracies, 1980-2000", *Party Politics*, 2001, 7(1), p.12。

如何解读这些数据？首先，我们可以发现从1980年代以来，至少在M/E层面，大部分国家都出现了或多或少的减少情形。在卡茨和梅尔的调查中，党员占全体选民的比例在1980年代的最后一次选举中的均值是10.5%。而仅仅十年之后，这一数字已经下降到了4.99%，被腰斩了一半。那么，没有出现党员人数减少的国家就是那些在第三次民主浪潮中建立起来的新兴民主国家，包括希腊、西班牙、匈牙利和斯洛伐克等。在老牌的民主国家，13个国家在M/E层面党员减少平均为4%多一点。其中，像奥地利党员占全体选民（M/E）的衰落比例最大，达到了10.82%。这些数据再次确认了第一次党员情况调查时的情况。

当然，以新老民主作为对比并不是唯一的分析视角。葡萄牙作为一个新建立的民主国家，也出现了小幅的 M/E 值减少。而在捷克，之所以出现党员人数减少主要是因为很多人退出了共产党。1993—1999 年，有 19 万人离开了捷克共产党。苏联解体对中东欧国家的共产党产生了巨大的影响。失去了执政地位的共产党在这些国家也失去了民众的支持。

同样值得注意的是党员人数减少的规模。在卡茨和梅尔主持的第一次党员情况调查中，整个欧洲层面并没有出现一边倒的党员人数减少现象。有些国家党员人数减少了，其他一些国家党员人数增加了。但是这一次的调查出现了一边倒的景象。在所有的老牌民主国家，党员的绝对数量都出现了回落，各国平均减少了 35%[①]。在法国，党员人数一共减少了约一百万，这是一个比较惊人的情况。英国和意大利的党员人数减少也超过了五成。希腊、葡萄牙和西班牙受益于第三波民主化的影响，党员人数出现了增长，但是这背后的原因是这些国家内部的政党被强制要求建立地方组织和吸纳党员。所以从总体上看，欧洲国家出现集体政党衰落的论断是成立的。

十年之后，彼得·梅尔和英格里德·冯碧珍再次开展了党员数量调查（见表 5-4 和表 5-5）。这次调查的国家样本进一步扩大到 27 个国家，而且是进入 21 世纪以来的第一次党员规模调查。

---

① Peter Mair and Ingrid van Bezen, "Party Membership in Twenty European Democracies, 1980-2000", *Party Politics*, 2001, 7(1), p.13.

表 5-4 国家层面的政党党员

国家	年份	全体党员数量(人)	党员占全体选民的比例(%)
奥地利	2008 年	1 054 600	17.27
塞浦路斯(希腊)	2009 年	81 433	16.25
芬兰	2006 年	347 000	8.08
希腊	2008 年	560 000	6.59
斯洛文尼亚	2008 年	108 001	6.28
保加利亚	2008 年	399 121	5.6
意大利	2007 年	2 622 044	5.57
比利时	2008 年	426 053	5.52
挪威	2008 年	172 359	5.04
爱沙尼亚	2008 年	43 732	4.87
瑞士	2008 年	233 800	4.76
西班牙	2008 年	1 530 803	4.36
丹麦	2008 年	166 300	4.13
瑞典	2008 年	266 991	3.87
葡萄牙	2008 年	341 721	3.82
罗马尼亚	2007 年	675 474	3.66
立陶宛	2008 年	73 133	2.71
荷兰	2009 年	304 469	2.48
德国	2007 年	1 423 284	2.3
爱尔兰	2008 年	63 000	2.03
斯洛伐克	2007 年	86 296	2.02
捷克	2008 年	165 425	1.99
法国	2009 年	813 599	1.85
匈牙利	2008 年	123 932	1.54

(续表)

国家	年份	全体党员数量(人)	党员占全体选民的比例(%)
英国	2008 年	534 664	1.21
波兰	2009 年	304 465	0.99
拉脱维亚	2004 年	10 985	0.74
平均值(样本=27)			4.65

资料来源:Ingrid van Biezen, et al., "Going, Going,... Gone? The Decline of Party Membership in Contemporary Europe", *European Journal of Political Research*, 2012, 51(1), p.28。

表 5-5　1990 年代后期以来的政党党员变化

国家	时期	党员/选民比(M/E)的变化(%)	党员数量的变化(人)	党员数量变化的比例(%)
斯洛伐克	2000—2007 年	-2.09	-78 981	-47.79
捷克	1999—2008 年	-1.45	-113 560	-40.7
英国	1998—2008 年	-0.71	-305 336	-36.35
斯洛文尼亚	1998—2008 年	-3.58	-48 700	-31.08
挪威	1997—2008 年	-2.27	-69 663	-28.78
匈牙利	1999—2008 年	-0.61	-49 668	-28.61
瑞典	1998—2008 年	-1.67	-98 597	-26.97
爱尔兰	1998—2008 年	-1.11	-23 000	-26.74
瑞士	1997—2007 年	-1.62	-59 200	-20.2
德国	1999—2007 年	-0.63	-356 889	-20.05
丹麦	1998—2008 年	-1.01	-39 082	-19.03
芬兰	1998—2006 年	-1.57	-53 615	-13.38

(续表)

国家	时期	党员/选民比(M/E)的变化(%)	党员数量的变化(人)	党员数量变化的比例(%)
比利时	1999—2008 年	-1.03	-54 751	-11.39
葡萄牙	2000—2008 年	-0.61	-42 684	-11.1
保加利亚	2002—2008 年	-0.81	-44 479	-10.03
波兰	2000—2009 年	-0.16	-22 035	-6.75
希腊	1998—2008 年	-0.18	-40 000	-6.67
奥地利	1999—2008 年	-0.39	+23 548	+2.28
荷兰	2000—2009 年	-0.03	+10 000	+3.4
法国	1999—2009 年	+0.28	+198 340	+32.24
意大利	1998—2007 年	+1.52	+649 261	+32.89
西班牙	2000—2008 年	+0.94	+399 553	+35.32
爱沙尼亚	2002—2008 年	+1.53	+14 999	+52.5

资料来源：Ingrid van Biezen, et al., "Going, Going, ... Gone? The Decline of Party Membership in Contemporary Europe", *European Journal of Political Research*, 2012, 51(1), p.32。

21世纪以来,大部分欧洲的民主国家进一步经历了党员人数的衰减。这一点在党员的绝对数量上和党员占全体选民的比例上都有所反映。首先从M/E来看,基本上各个国家都是在减少。此外,新老民主国家都面临着这一问题。大部分老牌民主国家进一步见证了党员的减少,而在新出现的民主国家中,希腊和葡萄牙也出现了M/E值减少的现象。在后社会主义的中东欧国家,党员人数也在减少。这表明,从20世纪后期出现的党员锐减问题一直持续到了21世纪,且丝毫没有出现逆转的趋势。

从党员的绝对数量方面来讲,过去十年几乎各国都没有出现党员人数的增长,且有些国家的党员锐减规模非常大。例如,在斯洛伐克,仅仅七年时间党员人数被腰斩;在捷克共和国,与 1990 年度末期相比,2008 年的党员人数减少了 40%。在这些国家出现的大规模党员人数减少的现象,主要是因为共产党和其他相关政党失去了众多支持者。这再次说明了苏联解体对原中东欧社会主义国家政党的巨大消极影响。

政党尽管还在欧洲民主国家内部发挥着重要的作用,但是似乎他们都在试图摆脱群众性组织的印象。尽管还是有一些政党强调要与地方社群建立紧密的联系,但是从整体来看,欧洲的政党正在经历前所未有的转型。在 1960 年代,党员至少占全体选民的 15%,这说明彼时的政党在地方层面是强烈"在场"。而在今日,整个欧洲的党员占全体选民比的均值已经降到了 4.7%。当然并不是只有政党这种群众性组织在失去自己的成员,基督教教会和工会的日子也不好过。在西欧国家,曾经拥有巨大政治影响力的工会在今天也变得无人问津,在政治上也很难有大的作为。也许政党本身的转型并不是一种内生性的现象,而是一种外生性的必然。

当越来越多的人选择离开政党的时候,我们不得不思考为何几十年前很多人参加政党,他们参加的动机是什么?这些参与动机在今日荡然无存了吗?斯特凡诺·巴特利尼(Stefano Bartolini)从党员能为政党做些什么的角度来回答这个问题。在他对社会民主党的案例研究中,他的结构功能主义解释是,群众型政党的党员能够提供经济支持、教育服务、人力、医疗服务、法律援助和其他支持①。保罗·怀特利（Paul Whiteley）和帕特里特·萨义德（Patrick Seyd）专门研究了民主体制内的"高度参与"（high-intensity participation）现象。所谓高度参与就是指一些公民对政治参与非常活跃。他们认为可以利用一个包含了社会心理学知识的修正的理性选择模型来解释这个政治现象②。

在这些研究的基础上，怀特利利用国际社会调查项目（The International Social Survey Programme，ISSP）的公民调查资料总结出了三种政治参与模型：公民自愿模式、认知接触模式和社会资本模式③。公民自愿模式的核心观点是，参与在很大程度上是由个人资源所决定的。这里的资源可以被定义为"时间、金钱和公民技能"④。认知接触模式的观点是，公民的参与和他掌握的资源并没有直接联系。真正重要的因素是他们处理和理解所有关于政治和社会的信息的意

---

① Stefano Bartolini, "The Membership of Mass Parties: The Social Demnocratic Experience, 1889-1978", in Hans Daalder and Peter Mair, eds., *Western European Party Systems: Continuity & Change*, Sage, 1983, pp.177-220.
② Patrick Seyd and Paul Whiteley, *Labour's Grass Roots: The Politics of Party Membership*, Oxford University Press, 1992.
③ Paul Whiteley, "Is the Party Over? The Decline of Party Activism and Membership across the Democratic World", *Party Politics*, 2011, 17(1), pp.21-44.
④ Sidney Verba, Kay Lehman Schlozman and Henry E. Brady, *Voice and Equality: Civic Voluntarism in American Politics*, Harvard University Press, 1995, p.271.

愿和能力①。社会资本模式来自被广泛研究的社会资本理论。社会资本这个概念最初来自社会学,詹姆斯·科尔曼(James Coleman)是这一概念的重要倡导者。那么在20世纪90年代,随着罗伯特·普特南把它引入政治学之中,这个概念就在政党研究中蔓延开来。社会资本模式的观点是,只有那些嵌入到较强的社会网络和社会关系中的人才会信任他们周边的公民朋友,从而更可能参与政治。近期一些关于政党忠诚的研究也在从党员自身和政党与政府的关系等方面思考如何维持政党的整体和发展②。需要指出的是,政党对民众的吸引力降低在很大程度上是因为民众有了更多的选择。在媒体产业、通信技术、互联网产业无比发达的时代,政党遭受冲击也是不难理解的。当然政党也没有消极地面对这一切,一些学者的研究表明政党也在积极适应这个信息化的社会。比如,关于政党与社会媒体/互联网的研究就表明政党在努力掌握新的工具来扩大自己的影响和为自己的选举

---

① Harold Clarke, et al., *Political Choice in Britain*, Oxford University Press, 2004; Russell Dalton, *Citizen Politics: Public Opinion and Political Parties in Advanced Industrial Democracies*, Congressional Quarterly Press, 2013.

② Seth McKee and Antoine Yoshinaka, "Late to the Parade: Party Switchers in Contemporary US Southern Legislatures", *Party Politics*, 2015, 21(6), pp.957-969; Audrey Andre, Sam Depauw and Stefanie Beyens, "Party Loyalty and Electoral Dealignment", *Party Politics*, 2015, 21(6), pp.970-981; Eric McLaughlin, "Electoral Regimes and Party-Switching: Floor-Crossing in South Africa's Local Legislatures", *Party Politics*, 2012, 18(4), pp.563-579.

策略服务①。

第三节 党群机制如何再造?

面对党员人数锐减的危机,西方的政党该如何回应? 是绕过党员直接重建党群机制还是需要依靠党员重建党群机制? 需要注意的是,随着传统政党中党员人数的下降,政党中的党员与普通公民已经变得越来越像了。苏珊·斯卡罗(Susan Scarrow)和波族·格兹格(Burcu Gezgor)在思考党员锐减问题时注意到了一个新的问题,那就是现在的党员与普通民众有多大的区别? 通过他们的分析,首先在年龄结构方面,现在的党员要比社会大众的年纪大得多;但是在教育、收入、性别和宗教信仰方面,党员与非党员的区别在变小②。总体来讲,这个研究的意义在于其揭示出:现在党员与社会公众在很多方面越来越像了,而不是像几十年前那样表现出很大的不同。那么在这种情况下,党群机制的再造就可以通过两

---

① Maurice Vergeer, Liesbeth Hermans and Steven Sams, "Online Social Networks and Micro-Blogging in Political Campaigning: The Exploration of A New Campaign Tool and A New Campaign Style", *Party Politics*, 2013, 19(3), pp.477-501; David Hopmann, et al., "Party Media Agenda-Setting: How Parties Influence Election News Coverage", *Party Politics*, 2012, 18(2), pp.173-191.

② Susan E. Scarrow and Burcu Gezgor, "Declining Memberships, Changing Members? European Political Party Members in a New Era", *Party Politics*, 2010, 16(6), pp.823-843.

条路径来进行:第一是重新塑造政党高层与普通党员的联系;第二是重新塑造政党与社会公众的联系。

首先,在政党高层与普通党员的联系方面,有些政党采取的方式是扩大党内民主,为普通党员赋权。党内民主是西方政党普遍面对的课题,随着政党规模的增大和政党内部结构层级的增加,必然会出现党内高层与基层党员的脱节。这就是政党早期研究大家米歇尔斯提到的"寡头统治铁律"。那么为了解决这个问题,就需要积极努力地扩大党内民主。因为党员与社会公众之间越来越相似,扩大党内民主的外部效应就是能够重塑党群连接机制。近年来,很多政党选择对普通党员赋权,加强党员对本党领导人的选择和本党议题设定的权力。这方面的举措包括以多个领导人替代单一领导人。当党内高层的权力结构变得多元和分散之后,这会间接地增强党内中下层的影响力。在议题设定方面,很多政党也在利用新型通信手段来广泛吸纳党内的民意,确保本党的政策主张能够准确地反映党内的政策偏好。在意大利,具有民粹主义倾向的五星运动党做得更加极端。该党通过自己的网站建立了直接民主机制来决定议题设定和领导人选择。也就是说,党内成员做出的决定基本上成为本党的决定。虽然民粹主义政党在党群机制方面做得比较极端,但其他政党也在逐渐采取更多措施扩大党内民主。

其次,利用新的媒介工具来重塑党群联系。在群众型政党时代,政党对外联系的重要媒介是新闻报纸。很多传统政党都有自己的机关报,这些报纸的发行量曾经非常大,社会影响力广泛。而随着互联网的兴起,网络作为新的媒介手段传播能力要比传统的新闻报纸更强。传统的报纸传播信息的方式是阅读,而网络能够提供全方位的信息获取方式。因此,很多学者致力于研究网络在政治生活中的作用①。在政党政治领域,学者关注最多的是互联网如何改变政党尤其是党群关系。部分学者注意到互联网改变了政党的竞选手段。在美国,传统的政党竞选手段是党派的支持者和志愿者去挨家挨户地发传单、打电话、邮寄信件,或者是举行地方的竞选集会,让候选人与选民增加接触。这种传统的方式在今天的美国依然存在,但是毫无疑问,这种竞选方式非常费时费力费钱。随着互联网的兴起,越来越多的候选人开始重视网络竞选。他们精心设计自己的网站,通过网站让更多的选民了解自己的政策主张,了解自己的执政思路。克里斯汀·瓦卡里(Cristian Vaccari)的研究发现,美国的共和党和民主党都非常重视候选人竞选网站的建设,但是他们在网站上罗列的内容具有很大的差异,这对他们的竞选产生了很大的影响②。有些学者关注的是微博、推特(Twitter)等社交媒体工具对政党与选民联系的影响。比如,美国总统特朗普从上任开始就奉行"推特治国",他喜欢绕过传统的报纸和电视直接与美国民众沟通。有学者研究了候选人如何用微博和推特在欧洲议

---

① Caroline Tolbert and Ramona McNeal,"Unraveling the Effects of the Internet on Political Participation?", *Political Research Quarterly*, 2003, 56(2), pp.175-185; Richard Kahn and Douglas Kellner, "Oppositional Politics and the Internet: A Critical/Reconstructive Approach", *Cultural Politics*, 2005, 1(1), pp.75-100.

② Cristian Vaccari, "A Tale of Two E-Parties: Candidate Websites in the 2008 US Presidential Primaries", *Party Politics*, 2013, 19(1), pp.19-40.

会选举中与选民沟通。莫里斯·弗吉尔（Maurice Vergeer）等人的研究发现，带有进步主义倾向的政党比保守主义阵营中的政党更喜欢在欧洲议会选举中使用推特来与选民沟通①。

最后，作为新型组织模式的网络党的兴起。传统的政党模式包括精英型政党、群众型政党、全方位政党和卡特尔政党。这些政党的党员人数不一，精英型政党的人数比较少，群众型政党和全方位政党的人数比较多。随着政党的卡特尔化，党员人数开始逐渐减少。另外一种不太普遍的政党组织模式是商业公司型（business-firm model）政党。网络党与这些政党模式都不相同。网络党依靠网络技术来制订政治参与的方式方法，它的优点在于建立了最为直接的党群连接机制，能够使得选民的偏好被直接传递到政党高层。在这种情况下，政党的党员就显得没有那么重要了。网络党的具体例子包括荷兰的自由党（Party for Freedom）和意大利的五星运动党等。荷兰自由党的创始人之前是荷兰主流政党自由民主人民党（People's Party for Freedom and Democracy）的成员，后来他脱离该党成立了自由党。自由党没有几个党员，该党的创始人格尔特·威尔德斯（Geert Wilders）大部分时间是通过网站和推特与选民直接互动。总体而言，尽管网络党的力量还不足以颠覆传统的政党格局，但是一些网络党在议会选举中已经取得了较大的胜利，其未来的发展值得我们紧密关注。

---

① Maurice Vergeer, Liesbeth Hermans and Steven Sams, "Online Social Networks and Micro-Blogging in Political Campaigning: The Exploration of a New Campaign Tool and a New Campaign Style", *Party Politics*, 2013, 19(3), pp.477-501.

第六章 政党、选举与新技术革命

纵览人类历史,每一次重大的技术变革都会深刻地改变人类社会的存在方式。而政党也需要适应这种技术变革不断创新自己的组织能力和政治参与能力。在当今社会,人类正在步入一个由互联网、大数据和人工智能共同驱动的新纪元。在这些革命性的技术之中,大数据和人工智能技术普遍被认为推动了"第四次工业革命"的出现和发展。第四次工业革命对政党与选举的影响已经初露端倪,未来我们将会更加明显地感受到这种冲击。本章首先简要介绍互联网和人工智能等新技术革命的发展。在此基础之上,我们有必要讨论人工智能对国家治理变革的影响,因为政党无论在选举阶段还是在执政之后,政党的着力点都在于国家治理。最后,讨论新技术革命对政党和选举的冲击。

第一节 21世纪的新技术革命: 从互联网到人工智能

互联网最早出现在军工领域,是美国军方1969年问世的一个项目。这个项目在一开始并没有获得太多注意,因为谁也没有预料到互联网在之后能有如此巨大的影响。随着互联网技术的发展,政府不再是互联网研究的投资主体,商业机构开始有能力和有条件来参与互联网的研发。这构成了互联网发展的转折点,即从以政府为主体的科研项目走向了以市场为主体的商业项目。从20世纪90年代开始,越来越多的公司开始开发利用互联网为人类服务,从而衍生出诸多前所未有的互联网服务产品。搜索引擎、电子邮件、网络视频、网络游戏、网络交友、博客、网络社交等新鲜事物随着互联网的普及为人们所熟知。

而随着互联网的影响力越来越大,人们的生活也在被悄无声息地改变着。上网的时间越来越多,工作也越来越网络化,娱乐也逐渐在网络化,人与人的互动依靠互联网进行。随着以"脸书""推特"为代表的互联网公司的崛起,越来越多的人是在网络虚拟空间中与他人发生频繁的互动,这一点在年轻人群体中表现得更为明显。例如,一份针对127所北美高校36 950名学生的问卷发现,90%的学生使用社交网络网站。而在使用社交网络网站的群体中有97%的人是脸书的用户[1]。互联网对政治领域产生的影响已经引起了学术界的广泛关注。安德鲁·查德威克(Andrew Chadwick)和菲利普·霍华德(Philip Howard)组织多位学者编写了一本研究手册,致力于从各个方面来研究互联网政治[2]。吉普森等人曾经对

---

[1] Reynol Junco, "The Relationship between Frequency of Facebook Use, Participation in Facebook Activities, and Student Engagement", *Computers & Education*, 2012, 58(1), p.162.

[2] Andrew Chadwick and Philip N. Howard, eds., *Routledge Handbook of Internet Politics*, Taylor & Francis, 2010.

互联网给英国政党带来的影响进行过讨论①。在 2012 年,亨利·法维尔(Henry Farrell)在美国政治学界的著名期刊《政治学年度评论》上发表了题为《互联网对政治的影响》的论文②。作者在论文中预言,互联网与政治的关系将在下一个十年成为政治学的重要课题,因为互联网已经成了日常政治生活的一部分。

而在互联网方兴未艾之际,又一项具有突破意义的技术正在飞速发展,这就是以大数据为基础的人工智能。人工智能对人类的影响恐怕比互联网还要巨大。现代意义上的人工智能研究最早可以追溯到 20 世纪 40 年代左右。1950 年,英国著名数学家、逻辑学家艾伦·图灵(Alan Turing)在《计算机器与智能》一文中首次提出了"机器能够思考吗"③这一具有划时代意义的理论问题。他同时提出了测试机器是否拥有智能的方法(即图灵测试),该测试是指如果一台机器能够与人类展开对话(通过电传设备)而不能被辨别出其机器身份,那么这台机器就具有智能。这一简化使得图灵能够令人信服地说明"思考的机器"是可能的。在该篇论文中,图灵也预言了创造出具有真正智能的机器的可能性。而"人工智能"作为一个明确的概念,则是在 1956 年达特茅斯学院夏季学术研讨会上由约翰·麦卡锡

---

① Rachel Gibson and Stephen J. Ward, "UK Political Parties and the Internet:'Politics as Usual' in the New Media?", *Harvard International Journal of Press/Politics*, 1988, 3(3), pp.14-38.
② Henry Farrell, "The Consequences of the Internet for Politics", *Annual Review of Political Science*, 2012, pp.35-52.
③ Alan Turing, "Computing Machinery and Intelligence", *Mind*, 1950, 59(236), pp.433-460.

(John McCarthy)、马文·明斯基（Marvin Minsky）和克劳德·香农（Claude Shannon）等人首次提出的。在这次会议上，对于人工智能的设想是：通过将人类的学习行为及其他智力主导行为进行解构分析，从而将人类智能精确地描述出来，继而在机器上构建与人类智能相类似的智能。因此，这项技术被称为"人工智能"，这标志着人工智能的正式诞生①。

尽管人工智能概念的提出已有60多年的历史，但是目前学术界对于人工智能的定义仍然没达成共识。笔者采用目前较为流行的一个定义，在该定义中，人工智能被描述为一种计算机系统。它包含以下几个特征：具备能够像人类一样思考的潜力；与人类行为相似，可以借助自然语言处理并通过图灵测试进行自动推理和学习；能够进行理性思考，例如逻辑运算、推理和优化等；具备行为理性，例如通过感知、规划、推理、学习、交流、决策和行动等来实现目标②。

其他人工智能的定义或多或少都体现这样一个特征，即人工智能可以通过外界设定的一个输出目标，由计算机程序自动寻找方法完成任务，而不需要工程师对每一个产生的结果都进行相关的参数设计。从这个意义出发，人工智能是一种能够完成人类需要智能才能够完成任务的机器③。基于模

---

① 余妹兰、张永晖：《人工智能的历史和未来》，《信息与电脑》（理论版）2010年第2期。
② Stuart Russell and Peter Norvig, *Artificial Intelligence: A Modern Approach*, Pearson Education Limited, 2016, pp.1-5.
③ Matthew Scherer, "Regulating Artificial Intelligence Systems: Risks, Challenges, Competencies, and Strategies", *Harvard Journal of Law and Technology*, 2015, 29(2), p.353.

仿和训练的学习能力是人工智能能够以思考和行动来实现目标的根本原理。在此意义上，人工智能不仅可以模仿人类的活动，(从理论上讲)只要拥有足够多的数据，人工智能甚至能够形成一种生物启发系统(biologically-inspired systems)，从而学习从病毒到种群等各层级的生物行为。

虽然学界对于人工智能的研究已经几十年，但是在很长一段时间并没有实现大规模的应用。直到21世纪初，人工智能的大规模应用时代方才到来。基于人工智能的模仿训练原理，这一轮人工智能的大范围应用主要得益于硬件设备的性能提升和互联网技术的广泛普及，前者使新一代计算机的运算速度和信息处理能力大幅提升，后者则使得"数字化生存"状态下的人类行为可以被转化为海量的数据，两者共同催生了人工智能技术的飞跃[1]。

本轮人工智能发展热潮以"多层感知器"(multilayer perceptron)和"深度学习"(deep learning)为核心。该算法以建立套嵌式的多层次模式识别系统组成的神经网络为基础，可以在某些方面很好地模仿大脑的学习机制[2]。深度学习的出现带来了人工智能算法的跨越式发展，让人工智能拥有了从复杂的海量信息源中提取、识别和构建体系的能力。在那些任务目标明确且相关数据丰富的领域，深度学习算法能够让机器学习新的技能，制定有效策略，从而在短时间内提出超

---

[1] 封帅、鲁传颖：《人工智能时代的国家安全：风险与治理》，《信息安全与通信保密》2018年第10期。
[2] Yann LeCun, Yoshua Bengio and Geoffrey Hinton, "Deep Learning", *Nature*, 2015, 521(7553), pp.436-444.

过人类学习能力的问题解决方案①。这方面的典型案例发生在2016年,基于深度学习训练的谷歌人工智能阿尔法狗(Alpha Go)在与围棋名将李世石的围棋大战中取胜。那一刻,人类的智慧在机器面前变得不堪一击,引起了世界舆论的一片哗然。

第二节 人工智能与国家治理变革

在马克思看来,科学是历史的有力杠杆,是最高意义上的革命力量②。作为一项划时代的技术突破,人工智能带来的冲击是人类历史上前所未有的。克劳斯·施瓦布(Klaus Schwab)在《第四次工业革命》一书中直言:"无论是规模、广度还是复杂程度,第四次工业革命都与人类过去经历的变革截然不同。"③人工智能不仅实现了机器和工具的自动化,更是通过对人类的模仿和学习进一步实现了思想和行为的自动化,这在某种程度上重构了人与技术的关系,也必将全面影响我们的政治、经济与社会。在此基础上,本节从国家与社会关系、政商关系、政府工作逻辑三个方面来阐释人工智能可能给国家治理带来的变革。

---

① 俞祝良:《人工智能技术发展概述》,《南京信息工程大学学报》(自然科学版)2017年第3期。
② 《马克思恩格斯全集》第25卷,人民出版社2001年版,第597页。
③ Klaus Schwab, *The Fourth Industrial Revolution*, Crown Business, 2017, pp.1-6.

一、人工智能与国家-社会关系

国家与社会的关系是影响国家治理的重要因素。回顾历史,国家与社会适度的分离是贯穿整个现代化过程中的一个核心问题。这种分离驱动着市场经济、民主政治和公共领域三大要素的发展,构成了现代化进程的重要部分[1]。这种分离也是国家从统治转向治理的重要原因[2],在国家与社会不分的情况下,国家权力的过度扩张和社会权力的相对萎缩造成了包括政府失效、市场失灵、激励不足、缺乏活力、效率低下等多重问题。这使得以全能政府为主体的国家统治模式逐渐转向了政府与市民社会合作的国家治理模式[3]。这种国家与社会的分离需要建立在一定的基础之上,包括限制国家干预社会的范围、增加社会提供公共品的比重、采取民主的政治决策模式、构建相对平衡的国家与社会权力分配格局等。

在很多国家,国家与社会关系体现为一种国家对社会"分类控制"的形态[4]。当人工智能全面介入社会生活的方方面面之后,国家与社会的关系可能面临着新的挑战。由于人工智能具有极高的效率和极广的适用性,这使得社会和政府都

---

[1] 杨敏:《后发现代化的发展逻辑与现实悖论:从国家与社会的分离看社会现代化》,《贵州社会科学》2000 年第 4 期。

[2] 臧乃康:《统治与治理:国家与社会关系的演进》,《理论探讨》2003 年第 5 期。

[3] 杨龙芳:《改革全能政府 构建市民社会——当代中国政府与社会关系发展变革的基本途径》,《宁夏大学学报》(人文社会科学版)2004 年第 3 期。

[4] 康晓光、韩恒:《分类控制:当前中国大陆国家与社会关系研究》,《社会学研究》2005 年第 6 期。

有强烈的动机使用人工智能技术。在这种情况下,以共同分享的数据和共同依赖的算法为基础,社会系统与国家系统可能重新融合在智能系统之中。这种融合不一定会再次导向由全能政府主导的统治模式,而是有可能形成"智慧政府"主导的治理模式。在这种模式下,公民通过以自身行为转化为算法所处理的数据的方式来进行多元的偏好表达,这些"用脚投票"形成的行为数据再由经公开协商制定的算法运算后形成政府治理决策的基础,最终导向智慧政府治理的实践①。但是,这种融合也有可能使得"分类控制"转化为统治意味更强的"智能控制",即国家在依靠优势力量获得数据产权和算法制定主导权的基础上,垄断了作为未来主要公共产品的人工智能技术,并通过这种技术无限地干预社会。在人工智能这样影响深远的技术突破上,国家与社会的关系在很大程度上将依赖于政府在推广和应用该项技术时是否遵循民主的原则,以及与社会进行广泛深入协商的程度。

二、人工智能与政商关系

政府与商业的关系是国家治理现代化进程的重要一环。政商关系集中体现在政府与市场、政府与企业、中央与地方等几方面的关系上。在政商关系中,最核心的问题是公权力与资本的关系,其逻辑起点是国家对于公共资源的分配和市场对于商业资源的分配如何影响社会总资源的调配。政商关系在自由主义、国家主义和统合主义三种语境中具有不同的实

---

① 胡税根、王汇宇:《智慧政府治理的概念、性质与功能分析》,《厦门大学学报》(哲学社会科学版)2017年第3期。

践形式①。在自由主义的实践中,往往出现商人集团影响过大,导致政治被经济绑架的情形;在国家主义的实践中,则容易出现官僚资本侵吞公共利益,导致经济被政治不当操纵的问题。因此,出现了强调政治和经济互动,并最终使社会利益协调于作为立法者的国家的统合主义②。统合主义的政商关系要求:(1)政府尊重市场规律,作为秩序确立者保障市场运行;(2)在市场失灵时,政府作为市场的补充来调节资源分配;(3)政府与企业保持合作关系,共同解决治理问题;(4)政府和企业在法律面前平等。

在国家治理现代化的语境下,合理的政商关系的基础是公权力和资本具有较为清晰的边界,政府和企业在各自领域拥有相对明晰的职权,但是这种边界在人工智能时代会逐渐模糊。鉴于人工智能的发展并不局限在某一特定领域,而是一种具有广泛社会溢出效应的革命性技术突破,它所带来的是一个以算法和数据为主体的新型社会环境③。在此环境中,界限相对明晰的资本-公权关系会逐步转向为界限相对模糊的技术-数据关系。由于人工智能是极度资本密集和知识密集的领域,其专家和研发者大多分布在企业之中,但是其依赖的海量数据则基本是在政府提供的基础设施上产生的,且往往涉及受法律保护的

---

① 张国清、马丽、黄芳:《习近平"亲清论"与建构新型政商关系》,《中共中央党校学报》2016 年第 5 期。
② Kent Weaver and Bert A. Rockman, eds., *Do Institutions Matter? Government Capabilities in the United States and Abroad*, Brookings Institution Press, 2010, pp.157-160.
③ 贾开、蒋余浩:《人工智能治理的三个基本问题:技术逻辑、风险挑战与公共政策选择》,《中国行政管理》2017 年第 10 期。

隐私内容,这使得受个人数据驱动的人工智能技术重新模糊了政商关系的边界。数据的所有权、使用权和算法的制定权、使用权将成为未来政商关系的核心问题。尽管多方参与的治理体系必然成为人工智能时代主要的治理方式,但是鉴于数据产权和算法主体责任的模糊,未来的政商关系会产生怎样的演化仍然充满变数。可以预见的是,数据和算法的透明开放将是未来政商关系更好实现善治目标的关键。

三、人工智能与政府工作逻辑

人工智能也会对政府本身的工作逻辑产生巨大影响。人工智能会推动政府职能的转变和推进政府效能的提升,同时也可能会引发严重的伦理和职能问题。作为国家治理的最重要主体,政府在人工智能时代面临着巨大挑战。这种挑战主要反映在政府工作逻辑的转变上,尤其反映在其组织结构与支配权威方面。随着政府工作逻辑的转变,国家的可看见性亦会产生变化。

一定的组织结构体系与权威支配方式构成了政府工作的基本逻辑。在现代社会中,政府最主要的组织形式便是韦伯提出的科层制(bureaucracy)[1]。这种组织形式以正式的等级结构为核心,要求其成员各司其职、按章办事。通过稳定重复的官僚体制过程以及依常规程序进行的各种例行活动,这种组织形式具有强大的稳定性、可预测性和高效性[2]。科层制

---

[1] 闻丽:《科层化:科层制组织的理性与非理性》,《理论月刊》2005年第12期。
[2] [德]马克斯·韦伯:《经济与社会》,林荣远译,商务印书馆1997版,第248—251页。

的普遍应用构成了政府工作的科层垂直形态。在实际的权力运行中,各级的行政官僚则是政府政治权力的实践主体,承担着公民与政府之间的委托代理关系,同时也承担着政府上下级之间的委托代理关系。按照韦伯的说法,官僚制是作为一种特定的国家支配方式而存在的;官僚组织中的权威关系建立在特定的合法性基础之上,而官僚制组织形式及其合法性基础则构成了官僚制国家的基本元素①。这些传统的政府工作逻辑在人工智能时代会产生翻天覆地的变化。

在人工智能全面渗透到人类社会的各个层面和活动之后,传统的科层垂直结构和官僚支配体制会转向神经网络结构和算法支配体制。在人工智能时代,人类追求的是一种具有长尾效应的智能化生产②,由此带来的是从功能分工到趣缘合作③的工作方式变迁。在这种情况下,更为重要的不再是以科层垂直结构控制生产符合组织化的标准,而是要尽力搜集和回应个体表达的信息和偏好。由此形成的新的政府工作模式就从所谓的传统等级式治理系统(traditional hierarchical governance system)转向分布式治理系统(distributed governance system)④。从组织方式和结构体系

---

① [德]马克斯·韦伯:《支配社会学》,康乐、简惠美译,广西师范大学出版社 2004 年版,第 21—89 页。
② Klaus Schwab, *The Fourth Industrial Revolution*, Crown Business, 2017, pp.28-57.
③ 高奇琦:《人工智能:驯服赛维坦》,上海交通大学出版社 2018 年版,第 113—115 页。
④ Alan Hall, "Global Experience on Governance", in Anthony Turton, ed., *Governance as a Trialogue: Government-Society-Science in Transition*, Springer, 2007, pp.29-38.

上来看，这种转变形成的即是一种"递归神经网络"（recurrent neural network）式的国家治理形态①，即局部区域的人群构成一个具有暂时稳定性和弹性的网络"核心"，与之相互联系的是一系列不那么强大、不稳定、外围的"边缘"，以此形成一个网络结构的基本治理单元。这种单元的组织方式是通过人工智能技术不断响应内部个体的行为选择和外部结构的约束，并以此修改相互之间的关系权重，直至产生网络功能的渐进变化。它要求其成员尽可能地进行行为与偏好表达，并通过以数据方式呈现的信息进行持续的协商与调适，以此形成追求智能生产所需的高度灵活性。这种结构形式上的变迁反映在支配内容上，即是从官僚支配到算法支配的变迁。由于人工智能算法能在特定的问题领域（如司法、税收、公共交通等）精确、有效地处理复杂情景带来的海量数据，就使得政府能够依靠人工智能实现精准治理，最终实现治理能力的跨越式提升②。在这样的技术背景下，算法体制成了比官僚体制更合适的支配方式。算法作为一种基于特定问题而产生的具体计算步骤的序列③，比作为人类个体的官僚更能实现遵循程序、公平公正且富有稳定效率的政府治理。在算法体制中，政府的主要工作即是通过算法搜集和预判公众的需求，并经由算法决定公共服务产品的提供与分配。

---

① Alfredo Valladão, *Artificial Intelligence and Political Science*, OCP Policy Center, 2018, pp.11-13.
② 庞金友：《AI治理：人工智能时代的秩序困境与治理原则》，《人民论坛》2018年第10期。
③ Thomas Cormen, et al., *Introduction to Algorithms*, MIT Press, 2009, pp.3-11.

随着政府工作逻辑的转变,国家的可看见性也随着垂直权威和官僚队伍的隐退而逐渐降低。在人工智能时代,政府官员、基层警察等国家机器的重要象征会逐渐被政务平台和监控摄像所取代,公民不再直接面对国家权力的代表,国家对公民来说也愈发不可见。但是,这种不可见的背后却可能是国家控制能力的进一步加强。人工智能技术赋予了政府更大范围的监控能力和更加及时的响应能力,这使得国家干预个体的范围和深度都得以极大地拓展。同时,由于国家权力的代表不再是可以协商的执法人员,而是对个体来说深奥难懂且难以访问的算法,这就使得在国家可见性降低的情况下更有可能发生权责失衡、监督失效等政府失灵问题。

基于全球化、互联网和人工智能技术不可逆转的发展,在可见的未来,连接世界各地的技术系统所拥有的权力将会与主权国家所拥有的权力产生对冲①,这将对国家治理形成前所未有的冲击。在计算机可以获取更多的存储能力和计算资源的时候,这些未来的人工智能有可能将会被视为比人类更为智能的存在。届时,人工智能将被看作人类一切问题的解决方案,甚至包括如何更好地治理人类自己这样的问题。尽管人工智能拥有巨大的潜力,但是我们需要对人工智能"误用"与"失控"的问题保持必要的警惕与担忧。当超越人类掌控和干预能力的人工智能成为一种支配方式时,一系列安全问题、法律问题、伦理问题都会随之而来。而这一系列问题的根源在于,国家治理的善治目标与人工智能的计算目标之间

---

① 赵汀阳:《天下究竟是什么?——兼回应塞尔瓦托·巴博纳斯的"美式天下"》,《西南民族大学学报》(人文社科版)2018年第1期。

存在一定的张力,且两者的逻辑关系则存在着一定的共鸣与冲突。

第三节　新技术革命冲击下的政党与选举

面对着互联网、大数据和人工智能对社会的冲击,政党政治会受到怎样的影响?政党又该如何回应?总体来讲,政党政治已经明显感受到新技术革命的冲击,网络党的成立在挑战传统的以党员为基础的政党模式,网上动员和竞选的流行冲击着传统的代议制民主的根基,网络直接民主的实现促使很多政党走向民粹主义,大数据技术的应用使得操作选举成为可能。下文将简要从三个方面讨论新技术革命冲击下的政党与选举。第一个方面是直接民主将逐渐挑战代议制民主;第二个方面是政党政治将从资本密集型走向技术密集型;第三个方面是政党政治将从卡特尔化逐渐走向个人化。

一、直接民主将逐渐挑战代议制民主

传统政党政治的一个核心要义是,政党代表社会部分群体的利益,通过竞选和上台执政,政党把这些代表的利益输入国家之中,从而使国家回应部分选民的利益。这种代议制民主的模式存在了几百年,也是比较成功的一种模式。但是代议制民主最大的问题是选民的利益和偏好是经过层层传递才到达国家的,这种方式不够直接,也不够高效。那么最理想的方式是什么呢?就是直接民主。公民直接对国家的大政方针进行决定。在人口数量少或者国土面积狭小的国家,直接民

主不仅可行而且有效。比如在瑞士,公民能抵制政府的内政外交决定,他们甚至可以提出修改宪法。但是在人口较多和国土面积较大的国家,实行直接民主的成本就过于高昂了,因此直接民主在大多数国家都无法实行。但是随着互联网技术的发展,网络能够极大地降低政治参与的成本。国家的大政方针可以在网络上传播,公民完全可以在网上发表自己的意见,政府也可以直接与公民在网上互动。目前欧洲的一些海盗党就主张实行直接民主,他们认为传统的代议制民主不能有效地把公民的政策偏好反映给政府,因为传统的政党已经成为政府的一部分。意大利的五星运动党这些年在意大利政坛异军突起,已经成为国会中的第一大党。五星运动党非常看重网络的作用,该党的创始人是一个著名的博客创立者,该党的支持者在网上进行了非常多的讨论。他们的决定在网上被政党的领导人直接采纳,形成了政党的政策。当然,直接民主取代代议制民主需要一个漫长的过程,就像代议制民主发展起来也是经历了一个漫长的过程一样。

二、政党政治将从资本密集型走向技术密集型

卡特尔政党和公司企业型政党都是资本密集型政党。政党的运作越来越需要大量资本的扶持,这也就是为何很多国家的竞选活动会花费大量的资金。但是资金的注入并不一定会带来政党的成功,尤其是在技术变革的年代。在 2016 年的美国总统大选过程中,来自布什家族的共和党候选人杰布·布什既有大量的资金,也有深厚的从政资历,但是他连党内初选都没有成功。希拉里·克林顿有足够的资金支持,也有足够光鲜的从政履历,但是她为何也败给了商人唐纳德·特朗

普呢？这方面的主要原因可能就在于特朗普的前竞选经理、总统首席战略师史蒂夫·班农(Steve Bannon)。班农在加入特朗普的竞选阵营之前是一家高科技公司的管理层人员，这家公司名叫剑桥分析(Cambridge Analytica)。剑桥分析成立于2013年，公司的主要业务是在选举期间对数据进行搜集、挖掘、处理和分析。那么该公司所需要的数据从何而来呢？它的工作原理又是什么呢？斯科特·戈尔德(Scott Golder)认为，社会大众正在网络上留下自己方方面面的足迹，这些数字足迹将个人的信息暴露给了外界，构成了一个重要的挑战①。剑桥分析就是看到了公众在网络上给自己留下的方方面面的信息，从而为自己通过挖掘这些信息来精准地影响这些人打下基础。

在英国，国内长期就存在是否要脱离欧盟的辩论。在相当长的时间内，这个辩论并没有被提到国家层面，因为真正想离开欧盟的人并不占多数。但是在卡梅伦上台之际，他为了自己连任的需要，答应了脱欧派的要求，在英国开展了全民公投。卡梅伦是留欧派，而他之所以愿意开展关于脱欧的公投就是因为他相信公投的结果会是留欧。然而，最后的结果让所有人大吃一惊，超过51%的人选择脱欧，48%的人选择留欧，虽然两者差距不大，但是英国民众做出了脱欧的决定。这一黑天鹅事件不仅使得卡梅伦下台，更导致了欧洲政坛的混乱。当今天所有人在思考英国脱欧的结果时，很多人注意到

---

① Scott Golder and Michael Macy,"Digital Footprints: Opportunities and Challenges for Online Social Research", *Annual Review of Sociology*, 2014, pp.129-152.

剑桥分析这家公司。尽管没有最为直接的证据,但是从后来爆发的剑桥分析公司丑闻和它所开展的业务来看,这家公司在利用脸书网站上几百万用户的资料来分析英国的选民。通过精准识别这些选民的不同偏好,该公司能够有针对性地发送广告和其他信息来左右选民的判断①。从英国公投之后,几百万人呼吁再次开展公投来看,很多英国民众在公投之前是犹豫不决的,而在公投结束之后是后悔自己投票支持了脱欧。在英国的试验成功之后,班农的剑桥分析公司又加入了特朗普的美国总统竞选。最终的结果也是一样的,并不被人看好的特朗普赢得了大选,而政治经历光鲜的希拉里则输掉了大选。从英国脱欧和特朗普当选两起黑天鹅事件来看,大选的运作模式已经发生了改变,选举的结果也是可以被技术操纵的。资金的作用尽管依然重要,但是开始让位于技术的作用。大数据和人工智能技术能够让政党的竞选活动实现更加精准有效,同时也会深深地改变政党的发展策略。

三、政党政治将从卡特尔化逐渐走向个人化

政党政治的起点是精英政党,是少数拥有政治特权的人组建的小集团网络。后来随着选举权的扩大和工人阶级的崛起,群众型政党开始兴起。政党政治的关键不仅在于政党的精英阶层,更在于它的党员规模。党员规模越大,政党的实力就越强,在政治生活中的作用就越大。而在全方位政党兴起

---

① Mark Scott, "Cambridge Analytica Did Work for Brexit Groups, Says Ex-staffer"(July 30th, 2019), Politico, https://www.politico.eu/article/cambridge-analytica-leave-eu-ukip-brexit-facebook/, retrieved September 18, 2019.

第六章 政党、选举与新技术革命

之后,党员的作用就开始下降,到了卡特尔政党阶段,政党逐渐脱离了与社会的联系,变成了国家的一部分。在这种情况下,政党党员的作用就变得可有可无了。在新技术革命的冲击下,正式党员的作用被进一步边缘化了。组建一个政党和成功运作一个政党的关键再次回到了精英阶层的作用,也就是回到了政党政治的原点。在欧洲、亚洲、非洲和拉丁美洲,商人背景出身的人可以在短时间内登上政治舞台。二十多岁和三十多岁的年轻人可以成为国家的领导人。在很多国家,个人的影响力在超越政党作为一个组织的影响力。

那么当政党政治变得日益个人化之后,又意味着什么呢?可能的答案就是民粹主义的兴起。政党的个别领导人借用现代的技术手段直接与广大民众产生政治互动,短时间内快速获得他们的支持,同时在短时间内满足他们的需要。尽管这看起来很美好,但是民粹主义最大的问题就在于民众的需求不仅难以调和而且善变,如果政治家或者执政当局一味迁就于所谓的"民意"来施政的话,那么最后的结果必然是失败的。目前,欧洲、亚洲和拉丁美洲都有民粹主义的政党和领导人,他们的上台不是偶然的,而是带有某种必然。在技术革命的冲击下,民众可能会一时难以完全适应这个变化的社会,他们需要寻求安全感和稳定感,而民粹主义则能够给予他们短暂的安全感。不过,从长期来看,民粹主义的发展不一定符合国家的利益。面对着新的问题和挑战,政党应该在21世纪作出新的贡献,而不是成为问题本身。

对于政党政治学来讲,现在可能是最好的时代,也可能是最坏的时代。新型科技正在快速改变政党的格局,学术界需要思考如何把大数据技术应用到传统的政党研究领域。大数据社会科学的强势兴起正在改变我们的研究图景。我们必须认真思考如何处理这些巨大而多样化的数据集。除了按照一般的路径注重信息化下的各种网络信息（包括各种图像、文字、视频、音频），来研究民众政治意见的表达、政治信息的传播和获取、社会动员与社会网络联络、选举动员、竞选宣传、选民投票、社会运动、政府与民众的互动、公共政策的制定、社会组织的活动等，我们尤其要重视政党数据库的建设。在既有的文献中，很多研究都是以大规模的调查和数据库作为基础的。例如，一个众所周知的政党数据库——政党宣言项目数据库（Manifesto Project Database）——为我们准确比较1 000多个政党的意识形态奠定了坚实的基础。在政党宣言项目数据库的网站上，研究者可以免费使用他们的资料，为自己的研究服务。其他与政党研究相关的数据库还包括比较议员调查（Comparative MP Survey）、（政党新奇性数据库）（Party Novelty Database）、政党数据库（Political Party Database）和其他国别政党数据库。只有掌握更多关于研究对象的信息，大规模的比较才得以可能，更好的研究成果才能出现。而且我们的研究必须以促进政治发展和社会进步为主旨，不应该像剑桥分析公司那样，以利用公民信息来为小集团的利益服务。

第七章　政党政治的极端化

　　政党政治的运行是否良好对国家政治生活影响重大。不管是一党制、两党制还是多党制国家,如果政党或者政党之间能够坚持原则、尊重传统、遵守规则,并且以国家的整体公共利益为重,那么这个国家的政党政治生活往往就是平稳的、有序的、健康的。社会大众和市场主体会从这种良好的政党政治中获益,因为这样的政党关系会确保政局稳定、政治稳定、政治生态稳定。当然,这只是现实政治实践中的一个理想类型,或者说是各个国家人民的期盼。在实际的政治生活中,政党政治会出现各种各样的问题。这些问题的产生有政党内部和外部两个来源。政党内部的原因在于派系因素、领导层与基层的关系、政党的意识形态等。而政党外部的因素更为复杂,有国情因素、社情因素、宗教因素、文化因素、种族因素等。这些方方面面的挑战和问题一直对政党政治的良好运行产生干扰,但是一个成熟的政党体制以及主流的政党应该具有足够的韧性来回应这些挑战,并且努力保持政党生活的和谐有序。

　　21世纪以来,很多学者和研究人员都观察到政党政治出现极端化的发展趋势。令人担心的情况是,这种极端化的政党政治现象出现在很多国家,已经超越了单一地区的限制。在历史上,西欧曾经出现过政党极端化的情况,意大利、德国和一些欧洲国家先后出现法西斯主义政党。这些政党的出现给人类社会带来了巨大的破坏,至今仍然让人难以忘记。那么在21世纪,政党政治极端化出现的原因又是什么?是历史的重复还是有新的原因?政党政治极端化的表现和影响又有哪些?本章将逐一讨论这些问题。

第一节　历史视域中的政党极端化

历史上政党极端化主要是指极端化政党的崛起。像法西斯主义和纳粹主义政党奉行的是偏激的意识形态和政策,当这些政党带着极端的意识形态上台执政的时候,噩梦也就变得不可避免。众所周知,德国纳粹和希特勒的上台是通过民主的方式实现的,得到了魏玛共和国公民的支持。但是纳粹上台之后,德国的发展政策和方向马上就转向了歧路。在经济上,虽然推出了很多有利于经济发展和增加就业的举措,德国经济在20世纪30年代世界经济普遍萧条的状态下也确实发展得不错,但是德国政府发展经济的目的是扩军备战,而不是改善民生。在政治上,纳粹政权取缔了其他所有政党的合法存在权利,建立了一个一党制国家。希特勒在兴登堡死后废除总统制,使自己成为国家元首,为了防止有人反对自己,派出大量间谍对社会开展秘密监督。在对外政策上,纳粹党奉行领土扩张的政策,不顾国际条约的限制,大力扩军备战,疯狂吞并其他国家,最终发动了第二次世界大战。在种族关系上,纳粹坚持种族纯净政策,奉行种族歧视,迫害以犹太人为主的少数族裔。总之,纳粹党的极端意识形态可以被概括为极端民族主义、军国主义、战争主义、独裁体制等。

当今天我们回顾历史,反思历史上存在的政党极端化现象时,我们有必要深思这背后的社会因素。按照美国著名学者雪莉·柏曼(Sheri Berman)的研究,纳粹在德国的崛起与德国的公民社会发展有很大的关系。从托克维尔以来,学者们对于公民社会的认识往往持比较积极的态度。例如,当今的新托克维尔主义(neo-Tocquevilleans)的代表性人物、哈佛大学罗伯特·普特南(Robert Putnam)教授认为:"托克维尔是正确的。当国家面对一个充满活力的公民社会时,民主政府会变得更强,而不是被削弱。"[1]柏曼的研究发现,当既有的政党和其他政治组织无法有效地回应社会的需求,那么蓬勃发展的社会结社运动反而是极端性政党崛起的温床[2]。在魏玛共和国时期,德国纳粹党从一个濒临崩溃的边缘性政党逐渐发展为国家大党并最终上台执政,就是因为当时的自由派政党无所作为,导致社会各界广泛失望。这个案例对于我们思考21世纪政党极端化带来了很多启示,我们不仅要关注极端化政党,也要关注政党之间关系的极端化。

第二节　21世纪的政党极端化:原因

政党极端化现象在21世纪引起了极大的关注。但事实

---

[1] Robert Putnam, Robert Leonardi and Raffaella Nanetti, *Making Democracy Work: Civic Traditions in Modern Italy*, Princeton University Press, 1994, p.182.

[2] Sheri Berman, "Civil Society and the Collapse of the Weimar Republic", *World Politics*, 1997, 49(3), pp.401-429.

上,政党极端化的根源还在于 20 世纪。换句话说,在一定程度上,21 世纪的政党政治并没有走出 20 世纪的影子。当然,21 世纪出现的政党极端化也有一些新的特点和情况。但总体来讲,这一波政党极端化趋势是从 20 世纪发展过来的,只是在这些年达到了一个发展的新高潮。具体来讲,我们可以从如下几个方面来讨论 21 世纪政党极端化的原因。

一、政治方面的原因

政治方面的原因比较复杂,无论在全球层面还是地区和国家层面,现实政治从 20 世纪后期以来发生了诸多变化。20 世纪 90 年代冷战结束之后,欧洲开始加快推动一体化建设,从此欧盟这个超国家政治体迅速发展。随着欧盟国家将主权部分让渡给欧盟,而欧盟在推动内部治理的过程中又存在"民主赤字"(democratic deficit)[①]的问题,这就导致很多国家内部开始出现疑欧主义。疑欧主义在 2008 年金融危机之后开始迅速发酵,随着欧债危机的爆发和非洲难民进入欧盟,疑欧主义成了很多政党的政策信条。

冷战结束之后,美国暂时成为世界上最强大的国家,世界

[①] 关于欧盟民主赤字的研究,请参考 Kevin Featherstone, "Jean Monnet and the 'Democratic Deficit' in the European Union", *JCMS*(*Journal of Common Market Studies*),1994,32(2),pp.149-170; Christophe Crombez, "The Democratic Deficit in the European Union: Much Ado about Nothing?", *European Union Politics*,2003,4(1),pp.101-120; Andreas Follesdal and Simon Hix, "Why There is a Democratic Deficit in the EU: A Response to Majone and Moravcsik", *JCMS*(*Journal of Common Market Studies*),2006,44(3),pp.533-562。

第七章 政党政治的极端化

格局形成了一超多强的局面。然而好景不长,"9·11"事件的爆发令美国本土遭到攻击,美国人的自信心遭受到了前所未有的打击。在连续开展了多年的反恐斗争之后,刚刚从"9·11"恐怖袭击中缓过神来的美国又发生了金融危机。奥巴马政府虽然最终帮助美国走出了金融危机,但是围绕着美国如何在世界上发挥作用,美国两党开始出现巨大的分歧。而中国崛起更是让美国感到不安,大国焦虑感开始深深地影响着美国的内政外交。总体来讲,当今世界的政治格局正在发生天翻地覆的变化,传统的西方大国逐渐失去了往昔的世界地位,非西方大国正在开始崛起。世界的重心在从西方向东方转移。而伴随着这种权力格局的调整,各种影响都会随之而来,对于各国民众的影响也各有差异。

二、经济方面的原因

以互联网、大数据、人工智能、基因治疗、5G 为代表的新技术革命正在对世界的经济格局产生前所未有的影响。新技术的出现一方面更加方便了人们的生活,提供了更多商业机会,为经济增长奠定了新的基础;另一方面也会对政治生态、社会群体、文化氛围产生巨大的冲击。新的技术条件会改变政治运转的方式和方法,新的国家治理手段会出现,新的国家治理难题亦会出现。社会群体面对新技术的心态是复杂的,受过良好教育的年轻人更加乐意接受新鲜事物,但是年纪偏大的社会人群往往有时候会在新技术面前显得束手无策,倍感失落和无助。换句话说,同样的技术手段对于社会不同人群的影响是不一样的,这是技术正义问题的核心。有些人群会从中受益颇多,而有些人群则会产生相对剥夺感和失落感。

此外，在经济新旧动能转换的过程中，有些社会群体的利益会受损，而有些社会群体则可能成为经济新贵。那么这也就意味着贫富差距的扩大。

在21世纪，资本和技术的力量在造就一个又一个的财富神话，金融公司、互联网公司、新技术公司（包括"独角兽"企业）积累财富的能力比传统的制造业企业高得多。这些大公司的高管充分享受了这一轮技术变迁的红利，实现了自身财富的快速增长。而普通的工人和低技术行业从业者的收入则增长得异常缓慢。在美国，二战结束之后，人们的生活水平普遍获得了提高，美国人相信只要努力奋斗，就能够实现自己的美国梦。然而到了今天，"占领华尔街"运动打出的最显眼的标语就是：1%对99%。美国最富裕的1%人群占据了社会绝大多数的财富，而大部分人则没有存款，生活窘迫。需要指出的是，这不仅仅只是发生在美国的一幕。法国经济学家托马斯·皮凯蒂（Thomas Piketty）的研究表明：近几十年来，贫富差距在全世界都在不断扩大，而且会变得更加严重[1]。资本的回报率比其他生产要素的回报率都要高得多得多，而普通工薪阶层只靠努力工作并不能使自己生活得更好。

在经济原因中我们不得不特别重视的就是2008年全球金融危机的影响。2008年爆发的全球金融危机被普遍认为是20世纪30年代大萧条以来最为严重的金融危机。这次危机的导火索是美国房地产业与银行业导致的次贷危机，随后次贷危机的影响迅速突破美国银行业，引起了全球经济衰退

---

[1] Thomas Piketty, "About Capital in the Twenty-First Century", *American Economic Review*, 2015, 105(5), pp.48-53.

和随后的欧债危机以及多个国家和地区的经济危机。在美国,金融危机发生之后,美国政府动用了 7 000 多亿美元来注资银行系统,引起了美国民众极大的不满。因为就在美国政府救市的过程中,美国银行业的高管还在给自己发放高额的奖金。与此同时,美国就业市场一片惨淡,房价被腰斩,民生艰难。这次金融危机进一步打击了美国的中产阶级,拉大了国内的贫富差距。在欧洲,同样的故事在上演。因为欧债危机的爆发,希腊、冰岛、西班牙、葡萄牙等国先后出现了流动性不足的危机,各国政府为了应对危机,不得不一方面向欧盟求助,另一方面在国内实行紧缩政策。一方面,政府通过裁撤掉很多民生保障项目从而实现了国家财务平衡和行政上的"轻装上阵";另一方面,这些本来起到"安全网"(safety net)作用的民主福利的丧失直接把低收入人群暴露在奉行效率优先的市场面前。那么,最直接的后果就是越来越多的低收入人群在贫困线上挣扎,与此同时,中产阶级也在日益萎缩。正是看到了这种残酷的现实后果,布朗大学政治经济学教授马克·布莱斯(Mark Blyth)指斥这些政府的紧缩政策是非常危险的观念和实践①。很多欧洲执政党因为在欧债危机中的糟糕表现而在选举中遭遇惨败,民众的愤怒和不满随着债务危机的爆发而变得更加激烈。

三、社会方面的原因

西方国家实行的文化和种族多元主义社会政策并没有实

---

① Mark Blyth,*Austerity: The History of A Dangerous Idea*,Oxford University Press,2013.

现社会关系的和谐稳定；相反，很多欧洲国家出现了严重的社会问题。在一些欧洲国家，难民和其他移民的到来冲击了当地社会的传统和文化，引起了当地民众对社会强烈的不满。2011年，挪威曾经发生骇人听闻的爆炸枪击案，一名叫布雷维克的右翼极端分子用武器屠杀了几十人。而他之所以做出如此恐怖的举动，其主要动机就是想把非白人移民从西欧赶出去，让欧洲重新作为白人的欧洲，而不是其他种族的欧洲。2017年，布雷维克还在挪威上诉法院上大行纳粹礼，再次彰显了自己右翼极端的思想和行为。在德国，默克尔政府支持欧洲国家吸纳难民，然而这些难民的到来给德国社会也带来了很多影响。正是因为这些难民的进入导致默克尔的基民盟政党在选举中受挫，民众用选票表达了自己的强烈不满。在美国，排外情绪也在增长。对拉美和中东移民的敌视在特朗普上台之后与日俱增，特朗普著名的一个口号就是在美墨边境上修建一堵墙。

西方社会的民众在20世纪后期以来对政党表现出漠视的态度，但是他们对于政治、经济和社会领域的变化却变得更加敏感了。从这个角度来讲，这与20世纪初期纳粹上台之前的德国社会非常相似。社会的不满情绪在累积，但是主流政党却没有回应他们的怨愤。民众渴望强人的出现、强国家的出现、强力政权的出现，而这些为民粹主义、排外主义、种族主义、反民主主义、反全球化的思潮的蔓延奠定了坚实的基础。那么为何主流政党的回应性如此之差？萨托利在自己的著作《政党与政党体制》中提到，如果一个政党作为社会的一部分与整体无关了，没有为了整体的利益而治理，那么这样的政党就与派系无异了①。今天的政党极端化能够出现的一个很重要的原因是政党本身变得派系化了。政党不再是国家公器,而是狭隘社会利益的维护者,是固执己见的政治派系,全然忘却了国家的总体利益。在美国,尽管民主党的总统上台之时强调自己不仅是民主党的总统,也是共和党的总统,更是整个国家的总统。但是在实际政治过程中,共和党并不相信这一点,美国民众也不相信这一点。当共和党的总统上台之时,也没人相信他会真的维护民主党及其支持者的利益。西方社会变得日益分化和隔阂重重,政党的狭隘难辞其咎。

第三节 21世纪的政党极端化:表现

一、民粹主义在西方兴起

精英主义是西方政党政治的一个传统。精英主义之所以能够获得民众长时间的认可,是因为政治在很多人看来是必须由专业和成熟的政治家来掌舵的。也就是说,并不是任何人都能参与政治,并不是任何人都有资格来参与政治。然而随着债务危机、金融危机、难民危机和恐怖主义威胁上升,民众普遍开始对精英主义产生了怀疑。在2016年的美国大选辩论中,民主党总统候选人希拉里侃侃而谈自己过往几十年的从政经历,骄傲地嘲讽她的对手特朗普毫无政治经验。希

---

① Giovanni Sartori, *Parties and Party Systems: A Framework for Analysis*, ECPR Press, 2005, p.26.

拉里确实有资格嘲笑特朗普,因为特朗普只是一个商人,从来没有政治实践经验。面对希拉里的嘲讽,特朗普的回应非常有意思。他说,"希拉里的政治经验确实丰富,但是这些都是错误的经验,不然为何美国会出现这么多问题"①。这种类似的对精英主义的嘲讽在欧洲国家、拉丁美洲国家和亚洲国家都出现了。在乌克兰,刚刚赢得 2019 年总统大选的泽连斯基是一个演员,他在成为国家领导人之前毫无政治经验。而在 2019 年 5 月份宣誓就任总统之后,他任命了大量的电视台工作人员和其他没有政治经验的娱乐圈人士到政府就职。这种民粹主义的政治操作在过去是难以想象的。也许有人会提出,20 世纪 80 年代的美国总统里根也是演员出身。里根确实做过演员,但是他从 1967 年就开始担任加利福尼亚州的州长。加州是美国最大的州之一,州长的政治经历足够锻炼他成为一名合格的政治参与者。在美国,州长和参议员历来都是培养美国总统的摇篮。

当精英主义遭受质疑的时候,民粹主义往往就会兴起。因为普通人天生具有追随强者的习性,民粹主义强势领导人的崛起能够给很多不安的民众带来安慰。民粹主义领导人习惯把国家存在的种种问题的产生看得非常简单,他们自以为只要通过大刀阔斧、雷厉风行的改革,国家就能够重新回到正轨。而之所以国家没有回到正轨,就是因为之前的政治家或者政客被利益集团绑架了,不关心民意。这种简单化的思维

---

① 特朗普的回应来自 2016 年总统电视辩论,参见"The First Presidential Debate: Hillary Clinton And Donald Trump", https://www.youtube.com/watch? v=855Am6ovK7s。

其实反而容易助长政党政治的极端化。因为既然解决问题的方案如此简单,但是却没有人来实施,民众对精英主义政治家的不满和愤怒会上升到一个新的层次。

二、政党竞争从有序走向否决体制

西方的政党政治是围绕着政党竞争来展开的。在实践层面,政党竞争从三个维度循序上演。第一个维度是政党在国家-社会关系中为了存在而开展的竞争,政党要彼此竞争社会的支持资源。第二个维度是政党在获得执政合法性的过程中开展的竞争,政党要彼此竞争选举资源。第三个维度是政党在治国理政方面开展的竞争,政党要彼此竞争在国家治理中的影响力。在理想的情况下,政党竞争在这三个维度应该是有序的,是从国家和社会整体利益出发而开展的竞争。政党应该努力"竞优",通过更好的政策倡议、更加有效的治理举措和更加具有包容性的思想来推动国家向前发展。

而在政党极端化的时代,政党为了在选举中获胜,靠的不是倡议、举措和思想,而是资本和技术的力量。为了打败政治对手,一些政党在努力"竞次"。他们的竞选手段越来越低劣,攻击对手的方式越来越极端,而一旦无法上台执政,则会采取各种措施掣肘执政党。例如,美国是三权分立国家,国会的主导权可能由总统所在的政党掌握,也可能由其他党掌握。而且参议院和众议院的主导权也不一定被一个政党掌握。这种复杂的局面使得两党的竞争出现极化的现象。比如,近期创纪录的美国联邦政府部分机构停摆事件就是两党争斗极化的表现。美国学者弗朗西斯·福山把美国的这种体制称为"否决体制"①。在一些比较动荡的民主国家,情况会更加复杂。比如在委内瑞拉,总统马杜罗的政府遭受了反对党联盟民主团结圆桌(Democratic Unity Roundtable)的全方位挑战和竞争,来自这个反对党联盟的胡安·瓜伊多在公共集会中自行宣誓就任委内瑞拉临时总统。政党竞争在这些政局不稳的国家很容易演变成宪政危机。

三、极右翼政党在政坛崭露头角

在二战结束之后,西方社会普遍进入一个相对平静和谐有序的发展阶段。美国、西欧国家和一些非西方国家经济发展迅速,人口快速增长,社会安定有序,整体呈现一片欣欣向荣的景象。在这种情况下,极端政党很难在国家政治生活中立足,因为他们不能获得民众的支持。然而,在20世纪80年代以后,随着经济、政治、社会问题的出现,社会不满情绪开始累积。极端政党开始获得部分社会群体的关注和支持,开始在政治生活中变得活跃起来。进入21世纪以来,极端右翼和民粹主义右翼政党纷纷从体制外走向体制内,在国家选举和欧洲选举中高歌猛进(如表7-1所示)。在这一过程中,激进左翼的表现不如极右翼政党。极右翼政党所煽动的民族主义、排外主义、反全球化、种族主义比激进左翼政党所倡导的平等、公平和国有化政策更加有吸引力。

表7-1对欧洲部分民粹极右翼政党在国家和欧洲议会中的选举表现进行了总结。尽管这个表没有穷尽所有的欧洲极

---

① Francis Fukuyama,"America in Decay: The Sources of Political Dysfunction", *Foreign Affairs*, 2014, 93(5), pp.5-8.

表 7-1 欧洲民粹极右翼政党在国家大选(1980—2015 年)和
欧洲议会选举(2009 年和 2014 年)中的结果　　单位:%

国家	政党	国家大选得票率		欧洲议会大选得票率	
		最高结果	上次结果	2014 年结果	2014 年相较 2009 年的变化
奥地利	奥地利自由党	26.9	20.5	19.7	+7.0
比利时	弗拉芒利益党	12.0	3.7	4.1	-5.8
保加利亚	国家联合攻击	9.4	4.5	3.0	-9.0
捷克	黎明-国家联合	6.9	6.9	3.1	+3.1
丹麦	丹麦人民党	21.1	21.1	26.6	+11.8
爱沙尼亚	保守人民党	8.1	8.1	4.0	+4.0
法国	国民阵线	15.3	13.6	25.0	+18.7
希腊	民众正统阵线	5.6	1.0	2.7	-4.5
匈牙利	为了更好的匈牙利运动	20.5	20.5	14.7	-0.1
意大利	北方联盟	10.1	4.1	6.2	-4.0
荷兰	自由党	15.5	10.1	13.2	-3.8
罗马尼亚	更好罗马尼亚党	19.5	1.5	2.7	-6.0
斯洛伐克	国家党	11.6	4.6	3.6	-2.0
瑞典	瑞典民主党	12.9	12.9	9.7	+6.4
瑞士	瑞士人民党	29.4	29.4	—	—
平均		15.0	10.8	9.9	+1.1

资料来源:Cas Mudde, ed., *The Populist Radical Right: A Reader*, Taylor & Francis, 2016, p.7。

右翼政党,但是我们从这表 7-1 中能够了解到尽可能多的政党信息,基本上我们可以得到三个重要的研究发现。首先,民粹主义极右翼政党已经大规模地进入了体制内。各个国家对于政党进入体制内、成为议会中的政党都有一定的限制条件。因为这些限制条件,一个政党能够成功进入议会是困难重重的。通过表 7-1 的数据我们能够发现,一些极右翼政党在国家选举中是非常成功的。在奥地利、比利时、丹麦、匈牙利、瑞士等国,民粹主义右翼政党的国家大选得票率都在 10% 以上。这些政党已经成为一股不可忽视的国内政治力量。当然,我们没有发现一个政党的得票率超过了半数,这就说明尽管民粹极右翼政党进入了体制内,但它们到目前为止还没有形成明显的竞争优势,无法单独上台组阁。其次,民粹主义政党在各个国家的表现存在很大差异。尽管目前欧洲出现了政党极端化的趋势,但是这一趋势在各个国家的表现程度不同。在瑞士和奥地利,民粹主义极端右翼政党的得票率最高,接近 30%,而在希腊和爱沙尼亚等国家,民粹主义右翼政党的得票率不足 10%。这些差异的存在说明整个欧洲并非铁板一块,各个国家内部对于民粹主义、极端右翼和政党极端化趋势具有不同的反映。最后,民粹主义政党在国内的影响力要大于在欧盟层面的影响力。在 2019 年的欧洲议会选举中,右翼民粹主义和环保主义绿党的议席都获得了较大的增长,证明了这些政党在欧盟层面的影响力。但是如果我们比较这些政党在国内和欧洲议会中的表现,总体来讲,他们的影响力在国内更大一些。在一定程度上,右翼民粹主义政党也更加在乎本党在国内的政策影响力和政治影响力。

第七章 政党政治的极端化

第四节 21世纪的政党极端化:影响

因为政党在现实政治生活中发挥了举足轻重的作用,所以政党极端化对于政治的影响力不可小觑。事实上,这种影响已经超越了政治范畴,并进入社会、文化和思想领域。21世纪的政党极端化作为一种长期的发展趋势,将深刻塑造世界政治、经济和思想发展的轨迹。

第一,政党极端化会进一步推动政治风向向右转。因为当前的政党极端化主要是右翼势力中的极端主义和民粹主义抬头,而左翼阵营普遍表现羸弱,因此政治风向在向右转变。而在政治风向转变的过程中,极端主义往往会出现叠加效应,即极端主义会刺激更多更激进的极端主义。在欧洲,有些反对全球化的政党被认为是非常极端的右翼政党,而在难民危机爆发之后,人们发现有些政党奉行更加极端的种族主义、民族主义和排外主义,甚至部分政党奉行新法西斯主义。在美国,在特朗普当选为美国总统之前,美国共和党和民主党的党争已经让人跌破眼镜。美国民众对于总统、国会和其他政治精英团体的极端化趋势已经有了足够的心理预期。然而特朗普的上台很快就刷新了人们对于政党极端化的认识。特朗普的一系列出格言论和行为让美国在右倾的路上越走越远。他把新闻媒体称为"敌人",所有不支持他的新闻都是"假新闻"。他要建立一堵墙来阻止拉美移民进入美国,并坚持要求墨西哥付钱,不然就以各种方式相威胁。受到特朗普的"鼓励",美国共和党内的很多精英纷纷效仿,提出比特朗普更加极端的政策。比如,国会参议员马可·卢比奥(Marco Rubio)和特德·克鲁兹(Ted Cruz)都在茶党的支持下提出了更加激进、极端的言论和政策主张。这种"特朗普效应"正在形成一股强大的反建制派力量,推动着美国政治风向的急速右转。

第二,政党极端化会造成思想混乱。观念、思想、意识形态、规范和理念这些非物质性的因素对于人类社会的影响丝毫不逊于坦克、飞机、大米、钢铁、煤炭这些物质性因素。近年来,很多学者研究了非物质性因素尤其是观念和思想对于国家和社会的影响[1]。在很长一段时间内,因为西方社会普遍接受了如平等、多元、自由、尊重等进步主义的观念和思想,因此在政治空间和社会空间形成了一系列特定的规范和话语体系,这些是西方社会流行的"政治正确"的思想观念基础。政治正确不是一个完美的方式方法,它也有自己的问题,但是没有人能够完全否定政治正确的进步意义。例如,因为政治正确,人们不可以在公共空间歧视他人,不能发表或者做出带有歧视性含义的话语和动作。而随着政党政治的极端化和政治风向的右转,很多带有进步意义的观念和思想都在遭受冲击。在历史上,政党是很多进步主义思想的发

---

[1] 比如,在国际关系领域中,建构主义的兴起和发展,可参考 Jeffrey Checkel, "The Constructive Turn in International Relations Theory", *World Politics*, 1988, 50(2), pp.324-348; Alexander Wendt, *Social Theory of International Politics*, Cambridge University Press, 1999。再如,在新制度主义领域,关于话语制度主义的研究,可参考 Vivien Schmidt, "Discursive Institutionalism: The Explanatory Power of Ideas and Discourse", *Annual Review of Political Science*, 2008, pp.303-326。

第七章 政党政治的极端化

起者、传播者和受益者,而今天政党却在思想领域引起"失范"的后果。

第三,政党极端化会造成社会不安。在历史上,法西斯主义政党等极端化政党的出现给人类社会造成的影响至今都留存在很多人的记忆之中。政党政治的极端化一定会造成社会的动荡与不安。因为西方社会的政党本身就是社会缝隙分化的结果,而政党政治变得极端之后,社会撕裂的程度会更加严重。当对立取代团结,冲突取代合作,社会的长治久安就变成了空中楼阁。在美国,昔日平静的小城夏洛茨维吉尔市在2017年8月引起了广泛的关注。白人至上主义者因为不满该市决定拆除罗伯特·李的雕像而发起仇恨集会①,集会的反对者与这些白人至上主义者随后发生了冲突,造成3人死亡几十人受伤。这样的悲剧在美国还有可能发生,因为这是社会撕裂和对立的必然结果。这一悲剧凸显了美国社会表面平静下的暗流涌动,揭示了美国大熔炉政策下的社会撕裂,为未来可能出现的社会动荡埋下了伏笔。

当然,政党极端化的影响还有很多。一些学者主要是从政党领域本身来讨论政党政治极端化的影响。本章则主要是从宏观的三个方面来分析其影响。

---

① 罗伯特·李(Robert Lee)是美国南北战争期间南方军队里最出色的将军之一,1865年担任南方军队的总司令。在战败投降之后,李将军成了代表南方的形象化身,一直深受南方人民尤其是白人的爱戴。夏洛茨维吉尔市决定拆除李的雕像是因为考虑到这个雕像给当地社区带来了一些不好的影响。

第五节 作为常态的极端化？

政党政治的极端化在未来会展现出什么样的发展景象？是会回归温和的政党政治还是会进一步向极端化方向发展？这个问题在短时间内来看似乎答案已经显而易见。因为目前的世界政治格局依然在发生剧烈的变动,新技术革命的发展依然日新月异,贫富差距扩大的趋势没有发生丝毫的改变,所以政党政治短期内很难回归常态。与此同时,政党政治极端化可能会成为新常态。

如果作为常态的极端化成了日常政治生活的一部分,那么政党在 21 世纪所发挥的作用就令人担忧了。政党本应该成为问题的解决者,而不是问题本身。政党政治的运行本应该为各国解决内部和外部的各种问题贡献积极力量,而不是让民众对政党政治产生困惑和不安。为了避免政党政治极端化成为一种新常态,我们有必要从如下几个方面进行反思。

首先,要重新反思政党与社会的关系。政党发展的高峰是政党与社会联系最为紧密的阶段,而逐渐与社会"脱钩"的过程也带来了政党的衰落和活力的失去。西方的政党要重新寻求与社会"拉钩",回到社会中,重建党群连接的机制和渠道。政党要致力于解决真正的问题,如贫富差距问题和气候变化问题等。尽管这些问题在短时间内很难解决,但是也只有政党有足够的政治资源来加以解决。市场机制已经被证明是发展经济的最优机制,但是也是产生贫富差距等诸多问题的首要因素。主流政党必须肩负政治责任,通过开展大刀阔斧的改革,照顾社会弱势群体的利益,以及重建中产阶级。

其次,要重新反思政党之间的关系。西方的政党传统强调政党与政党之间主要是竞争关系。竞争压力会促使各个政党提出更好的政策,但是事实证明这只是一种美好的愿望。竞争压力也可能逼迫政党提出有利于自己获得选票的政策,而这并不意味着是更好的政策。如果政党一味在乎政党之间的竞争关系,那么政党将不可避免地成为民众的跟随者。民意需要尊重,但是民众不需要政党作为自己的跟随者。政党应该作为民众的引领者,承担起自己的政治责任。政党之间的关系除了竞争还要关注合作。保持良好的合作关系才能为国家的长治久安提供良好的政治基础。如果像美国两党争斗已达到否决体制那样的程度,那么受害最多的是国家的整体利益,是美国民众的利益。

最后,要重新反思政党与治理的关系。政党赢得选举之后要上台执政,执政的首要任务是开展国家治理。在历史上,国家治理的基础主要是阶级基础,政党要代表部分社会阶级的利益来治国理政。那么在21世纪,国家治理的基础是否会出现新的范式?阶级的意蕴在21世纪已经变得不如19世纪和20世纪那样显著,而环境问题的爆发、贫富差距的扩大和新技术革命的发展,让我们对公平正义的需求变得更加强烈。政党在新的时代应该超越阶级与阶层的束缚,重点考虑如何推动更加公平正义的国家治理,改善人们的生活,实现更加美好的生活愿景。

第八章 反思欧洲中心论下的政党研究

政党政治发端于西欧，并且经过两个世纪的历程逐渐从欧洲传播到了美洲、亚洲、非洲和世界上绝大多数国家。在今天，虽然仍然有一些国家没有政党，但是在绝大多数国家的政治生活中，政党都已经成为最重要的政治组织。随着政党成为中西方世界中共同存在的政治组织，对政党政治研究中的欧洲中心论开展反思就变得非常必要。

这种学术反思至少具有两方面的积极意义。第一个是理论层面的意义。过去两百多年来，根植于西欧政党实践的研究成果虽然一方面提高了我们对政党政治的理解，但是另一方面也在一定程度上禁锢了非西方政党实践对政党政治理论发展的好奇心。在这种情况下，我们有必要对政党研究的欧洲中心论进行反思。第二个是实践层面的意义。每个国家的政党都有自己特殊的价值、功能和影响，照搬欧美国家政党的标准去衡量其他国家的政党实践，其中的局限性不言而喻。反思欧洲中心论下的政党研究有助于构建更加广义的政党理论。

第八章 反思欧洲中心论下的政党研究

第一节 欧洲中心论下政党研究的缺憾

欧洲中心论下的政党研究是围绕着政党竞争来展开的。在实践层面,政党竞争从三个维度循序上演。第一个维度是政党在国家-社会关系中为了存在而开展的竞争。第二个维度是政党在获得执政合法性的过程中而开展的竞争。第三个维度是政党在治国理政方面开展的竞争。西方学术界的研究不可能脱离这个实践。尽管在不同历史时期,他们的研究重心会有变化,但总体上还是在这三个维度上塑造一种竞争的研究范式。

在第一个维度上,政党之间的竞争围绕着国家-社会关系存在。在第一个维度上的竞争不仅仅是政党之间的竞争,也包含了政党与其他组织的竞争。因为在国家与社会之间存在着形形色色的组织,如媒体、公司、NGO、社会团体、利益集团、学校等。为了在这个维度的竞争中占得先机,各个政党需要做的就是最大化地发挥政党的功能。萨托利最为看重的政党功能是表达渠道的功能。在他的研究中,政党是公民政治参与表达自己声音的重要媒介,是民主政治运转必不可少的一环。但是政党并非只具有表达渠道这一种功能。学术界还研究了政党在这一维度的两个主要功能:选民组织动员[①]和议题

[①] 请参见 Robert Jackson,"A Reassessment of Voter Mobilization", *Political Research Quarterly*,1996,49(2),pp.331-349;Melissa Michelson,"Meeting the Challenge of Latino Voter Mobilization", *The Annals of The American Academy of Political and Social Science*,2005,601(1),pp.85-101。

宣传①。动员选民和议题宣传不是只有政党才能做，其他组织（例如媒体）也能做。但是毫无疑问，这些功能不是其他组织的核心功能。在现代政治中，只有政党的核心功能同时包括表达渠道、选民动员和议题宣传。把这些功能发挥好，政党在社会的存在才能具有坚实的基础。在这个维度上，所有政党都无一例外地会彼此竞争，但是进入第二和第三维度，参与竞争的政党数量就会急剧下降。

在第二个维度上，政党为了获得执政合法性会进行激烈的竞争。这个维度的竞争也是最吸引眼球的竞争。为了上台执政，政党需要建立一个稳固的社会基础，因此发展党员就成了重中之重。这也是早期的精英党向群众型政党转型的重要动机。19世纪下半叶到20世纪上半叶是群众型政党发展的高潮。以工党为代表的群众型政党在欧洲吸引了大量的公民成为其党员。学术界的很多研究分析了这些党员能够在政党中发挥何种作用。这些作用是多种多样的，小到提供互助服务，大到为政党提供资金支持。正是看中了党员的这些作用，群众型政党为了在社会人群中争取新党员也采取了很多手段。到了20世纪后半叶，党员人数出现了新的历史性变化。

---

① 请参见 Narelle Miragliotta, "Minor Organizational Change in Green Parties: An Australian Case Study", *Party Politics*, 2015, 21(5), pp.699-711; Michael Thrasher, et al., "Voting Systems in Parallel and the Benefits for Small Parties: An Examination of Green Party Candidates in London Elections", *Party Politics*, 2014, 20（1）, pp.134-142; Laurie Beaudonnet and Pavlos Vasilopoulos, "Green Parties in Hard Times: The Case of EELV in the 2012 French Presidential Election", *Party Politics*, 2014, 20（2）, pp.275-285。

第八章 反思欧洲中心论下的政党研究

政党学者借助欧洲政治研究联合会(ECPR)的平台已经开展了三次大规模的党员情况调查。这三次大规模的研究得出了一个比较惊人的发现：整个西方国家的政党都面临党员锐减的危机。党员的增减本来是一个正常的现象，但是在比较短的时间内，有些西方国家出现了几百万人离开政党的现象，这就成了政党危机。

当群众型政党发展到顶峰的时候，因为拥有大量的党员，这些政党相信自己足够大到能够代表社会绝大多数人的利益。而且20世纪恰逢普选权在世界范围内扩展开来。在这个时代背景下，群众型政党开始向全方位政党转型。全方位政党力图在社会层面实现全覆盖的政策网络。从理论上讲，一个政党所能代表的社会利益越多，也就越能在国家大选中占据优势，增加本党上台执政的可能性。但是任何一个组织发展到一定规模之后，都会在内部出现组织问题。党员人数的增长使得政党机构开始变得臃肿，政党领导层与基层组织之间的层级也逐渐增多。政党内部的民主机制开始失效，领导阶层开始走向寡头化。这就是米歇尔斯提出的"寡头统治铁律"。正所谓盛极而衰，当西方国家普遍出现党员锐减的现象之后，全方位政党的社会基础也就荡然无存。为了在获得执政合法性上取得优势，政党不得不开始向国家靠拢，形成政党的卡特尔化现象。

20世纪90年代以来，西方政党研究的一个重点是围绕着卡特尔政党展开的。1995年，理查德·卡茨和彼得·梅尔发表了《政党组织和政党民主的几个变化模型：卡特尔政党的出现》一文①。这篇论文至今已经被引用高达 4 095 次,成为政党研究的经典论文之一。卡特尔政党的出现使得政党之间的竞争出现了很多新的变化。例如,政党竞争的基础发生了很大的改变。群众性政党的竞争基础是他们的代表能力,全方位政党的竞争基础是政策的有效性,而卡特尔政党的竞争基础变成了自身的管理技能和效率提升。换句话说,没有了坚强社会基础的卡特尔政党是完全"以政治为业"的组织。在这个方面,美国的政党是最典型的代表。作为一个民主党党员或者共和党的党员,他们与普通人没有任何区别。这些普通党员与政党精英的联系也非常少。两党的政治活动完全是资本密集型的,政党工作的本质已经与资本紧密地绑在了一起。从某种程度上来讲,政党已经变成了国家的一部分,美国的共和党和民主党在事实上是游离于国家之外的国家组织。

西方政党获得执政合法性的过程就是参加选举的过程。选举研究已经发展到一个非常复杂的程度。当然,并不是每个政党都会参与这个竞争。利基政党在参与选举的过程中并不像其他主流大党那样以上台执政作为最高目标。起初,利基政党的代表只是绿党,这些绿党在逐步取得成功之后,吸引和激励了其他缝隙政党的兴起。而现在,极右翼政党、宗教型政党和地方种族主义政党正在大张旗鼓地宣传自己的纲领和发挥自己的政治影响力。按照马库斯·魏格纳(Markus Wagner)的观点,利基政党就是旨在一些非经济议题上进行

---

① Richard Katz and Peter Mair, "Changing Models of Party Organization and Party Democracy: The Emergence of the Cartel Party", *Party Politics*, 1995, 1(1), pp.5-28.

竞争的政党①。因为这些政党更多是关注环保、种族、宗教、移民等非经济议题，他们很难在全国大选中获得多数而上台执政。尽管如此，这些规模较小的利基政党还是对主流政党产生了巨大的冲击。例如，在过去10年，美国国内的茶党已经对美国的政治生态产生了不容忽视的影响。慑于茶党的政治破坏力，美国共和党的政策迅速右转，不仅导致美国两党在国会上对峙严重，更曾一度导致联邦政府关门。

在第三个维度上，政党在治国理政方面也会开展竞争。当某个政党赢得了大选掌握了执政权，政党之间的竞争并未因此而偃旗息鼓。无论是在议会制国家还是在总统制国家，选举结束之后政党的竞争会在治国理政方面继续。执政党与在野党主要在立法机关中会利用各自的资源而开展议题竞争、立法竞争、民意竞争和影响力竞争等。比如在英国，获得选举胜利的政党有资格组阁和由本党领袖出任首相一职。虽然执政党掌握了行政权，但是反对党能够组成影子内阁对内阁成员的很多政策和议题进行抨击。在英国，保守党的约翰逊·鲍里斯内阁与工党影子内阁之间围绕英国脱欧一直在开展竞争。这个竞争的激烈程度并不亚于英国大选的两党竞争，因为两党都把英国脱欧视为英国的一件大事，一件治国理政中的大事。

在研究方法上，西方的政党学者有着强烈的方法论自觉，即主要利用定量的方法开展政党研究。定量方法与西方的政党研究之所以比较契合，一方面是因为西方政党实践的很多

---

① Markus Wagner, "Defining and Measuring Niche Parties", *Party Politics*, 2012, 18(6), pp.845-864.

数据是开放的,有了数据才能开展定量研究;另外一方面在于定量的研究方法能够将西方政党之间的紧张关系具体化。例如,通过做统计分析,学者能够研究哪些变量会影响政党的竞选结果;通过民调的数据,研究者能够建模预测不同候选人的支持率差异。通过对 2000—2018 年《政党政治学》上发表的 795 篇论文进行统计分析,我们发现共有 304 篇论文采用了比较高级的定量分析方法(以回归分析为主)。也就是说,大约有一半的《政党政治学》中的论文是采用了比较复杂和高级的定量分析方法。如果算上那些采用了包括描述性统计研究在内的文章,这本政党研究的主流期刊上的绝大多数论文都采用了定量研究的方法。并且这样的趋势在 2008 年之后变得更加明显,在过去的 10 年中,《政党政治学》刊载的论文越来越侧重于定量分析。

在研究议题上,关于选举竞争的论文有高达 58 篇采用了定量研究方法,这些论文主要是研究政党之间的大选策略。排在第二位的是关于政党制度研究的论文,政党制度研究成为热门说明新制度主义学术潮流与定量方法实现了良好的结合。其他频繁利用定量研究方法的政党研究领域还包括选民研究、意识形态、利基政党、选举制度、议会投票和政党联盟等(如图 8-1 所示)。此外,定量研究文章还覆盖了政党形象、政党信任、政党认同(party identification)、政党类型、政党承诺、政党宣言、党内民主等方面。基本上,政党研究的方方面面都有定量研究方法的影子,只是在有些议题领域出现得比较多,有些议题领域出现得稍微少一些。定量研究能够如此强势,一方面是因为政党研究领域的数据资源比较丰富,很多国家的大选数据都是对公众开放的;另一方面是因为定量研

第八章 反思欧洲中心论下的政党研究

究被认为更加科学、可重复,同时能够增加研究的透明度。很多学者会把自己的研究数据整理到网络上,读者可以下载这些数据来重新运算,从而判断作者的研究是否准确。

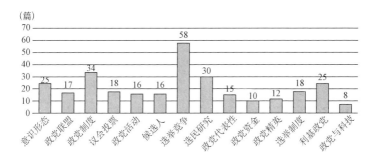

图8-1 比较频繁利用定量分析方法的政党研究领域

资料来源:作者自制。

竞争范式是我们理解西方政党政治的一根主线,但是过于以选举为中心开展研究就成了当前欧洲中心论下政党研究的缺憾。目前,西方政党政治研究中存在的一个重要不足是对西方政党之间的合作缺乏足够的研究。在实际中,政党合作是西方政党政治的一种普遍实践。在竞争性体制内,政党为了自身利益也需要与其他政党采取合作。比如,全国性政党为了获得选票需要与很多地方性政党合作,只有得到他们的支持,这些全国性政党才能获得更多的选票。这方面的一个典型代表就是德国的基督教民主联盟(Christian Democratic Union of Germany)与地方性政党巴伐利亚基督教社会联盟(Christian Social Union in Bavaria)。这两个党在德国议会中形成了联盟。作为联盟伙伴,基民盟不在巴伐利亚州与基社盟开展选举竞争,以此换取基社盟对基民盟在全国大选的支持。基社盟作为地区性政党,只在巴伐利亚州开展活动。不仅选举的过程中很多政党之间会进行合作,选举之后政党间合作的重要性也变得愈发重要。因为在西方,一个政党是代表社会部分选民和团体的利益上台,而执政的过程中是时时刻刻面对着全国人民,这就产生了一种选民利益和国家利益之间的张力。如果政党执政之后只顾及选民利益,那么治国理政的很多方面就会伤害社会另一部分没有投票支持这个政党的选民。最后的结果就是民众愈发对立,社会关系愈发紧张,国家的整体利益得不到维护。

那么为了维护国家利益,执政党就需要与在野党合作,通过必要的妥协与让步,确保政府的政策能够实现最好的结果。这方面的典型案例就是21世纪的美国。民主党总统奥巴马上台之后,控制国会的共和党采取不合作的立场,处处掣肘奥巴马。而在2018年的中期大选之后,共和党总统特朗普也面临着相同的窘境。因为两党的争斗,导致美国联邦政府多次被迫关门,80多万联邦雇员得不到工作,很多部门受到影响,经济损失高达数十亿美元。如果两党能够合作,美国的社会就不会像今天这样分裂和对立。还有就是在超国家层面,政党合作的例子也很多。很多政党纷纷加入国际政党联盟,如欧洲自由联盟(European Free Alliance)、中间派民主国际(Centrist Democrat International)、国际民主联盟(International Democrat Union)和欧洲人民党团(European People's Party Group)等。学术界应该加强对政党合作和如何促进合作的研究,以进一步丰富西方的政党政治研究。但比较遗憾的是,西方学者对政党合作的重视程度远远不如对政党竞争的关注程度。

第八章　反思欧洲中心论下的政党研究

第二节　西方政党政治研究的理论反思

反思欧洲中心论下的政党研究需要我们探索非西方世界政党研究的可能贡献在哪里。而考虑这个问题首先需要了解非西方的政党在哪些方面与西方政党存在不同。

第一个可能贡献在于非西方政党的存在环境与西方世界不同。西方政党的运作受到西方历史、文化和环境的影响，具有很多独特之处。非西方世界的国家往往也有自己独特的历史、文化和思想体系。比如在非洲，地方的部落文化就很有特色。在东亚，古代的朝贡体系和"天下"观念也是在其他地区不曾出现的。因此，从其他地区的特殊性来考察政党能够对西欧的政党实践的特殊性形成有益的冲击，帮助我们更好地证实或者证伪西方的政党理论。然而，目前西方政党政治学者对非西方地区的政党情况关注不足。例如，西方学术界著名的《政党政治手册》(*Handbook of Party Politics*)包含内容非常丰富，但却主要以西方的政党实践为主，对非西方政党实践的关注度非常不足。竞争与合作是一体两面，通过研究合作能够更好地了解竞争，通过研究竞争也能够更好地认识合作。对合作性和非竞争性的政党体制加强研究能够反哺西方的竞争性体制研究，对西方的政党政治研究是有积极意义的。

第二个贡献是非竞争性政党体制的研究能够丰富和发展西方的竞争性政党体制。诚如本章第一节所讨论的，欧洲中心论下的政党研究过分看重选举的重要性，对竞争性体制推崇备至。但是政党体制从世界范围内来看不是只存在竞争性一种。正如萨托利在撰写《政党与政党体制》一书时就专门用两个章节分别讨论了竞争体系和非竞争体系,世界上很多国家在历史上和现在都是实行合作性和非竞争性的政党体制。但可惜的是,萨托利的治学传统没有被很好地传承下来。

这里需要注意的是,现在尽管学术界开始对西欧以外的地区政党投入了更多的关注,但是这种关注还是不够的,更是不均衡的。通过分析《政党政治》期刊2010—2018年所发表的文章,我们可以发现政治学者在非西欧地区最关注的是东欧和拉美地区的政党政治,而对亚洲和非洲地区的政党政治则关注寥寥(如图8-2所示)。

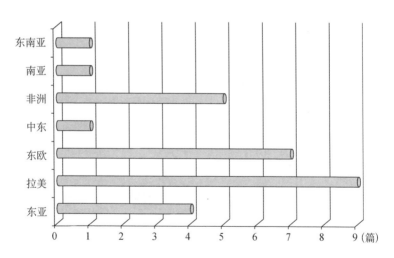

图8-2 《政党政治》期刊2010年至2018年涉及非西欧地区的论文数量

资料来源:作者自制。

第八章 反思欧洲中心论下的政党研究

为何在东欧和拉美地区的政党实践能够获得较大的学术关注,而非洲和亚洲该方面的研究内容相对较少呢？我们可以从三个方面考虑并探索其中的原因。第一个方面是地理因素。东欧国家与西欧国家在地理位置上非常接近,而拉美国家是美国的"后院",历史上也是西方大国的早期殖民地。这个地理位置的因素使得西方的学者非常能够很轻易地"看到"自己的邻居国家,进而开展单一国家或者多个国家比较的政党研究。第二个方面是学术亲近度。拉美国家有很多学生在美国和西欧的名校进行政治学的学习,东欧国家也有很多人来到西欧和美国攻读政治学博士学位。这些学术交流的经历使得西欧国家和东欧国家之间、美国和拉美国家之间的学术亲近度非常高。第三个方面是地缘政治。东欧国家是西欧国家和俄罗斯之间的中间地带,因为俄罗斯与西方的关系紧张,所以争取东欧国家就成为西欧国家主要的地缘政治考量因素。在这种情况下,东欧国家的政党就成为亟须加强研究的内容。拉美的情况与东欧类似,因为在美国政界的眼里,拉美是美国的"后院",是必须要把控好的地区。与拉美和东欧相比,亚洲和非洲的重要性则要低得多。此外,西方学者来到亚洲和非洲开展调研的难度也比去东欧和拉美高,这都在一定程度上减弱了英文学术界对亚洲和非洲政党政治的关注度。

下文将以一些具体的研究成果为例来讨论非西方政党政治研究的贡献。

在第一个可能的贡献方面,我们已经看到了很多优秀的成果。比如在非洲政党体制研究方面,学者们考察了不确定程度较高的环境下政党体制的发展问题。例如,通过对非洲

30个国家的政党体制制度化情况进行细致的考察,米歇尔·库恩兹(Michelle Kuenzi)和吉娜·拉姆布莱特(Gina Lambright)发现了两个有意思的现象：首先,非洲国家的政党体制制度化水平总体上比拉美要低；其次,非洲国家实行民主制度时间的长短对政党体制的制度化水平具有重要的影响①。政党体制的制度化水平低也就是说明波动性高,非洲政党体制的另外一个主要的特点是碎片化水平也比较低。非洲的政党体制大部分是以一党独大体制为主,国内存在一个长期处于执政地位的政党。反对党或者在野党的数量往往不多,并且他们的实力也比较弱(具体内容请见本书第12章)。在这种情况下,非洲政党体制并不像西欧国家的政党体制那样呈现出比较高的碎片化特点。沙比恩·莫扎法(Shabeen Mozaffar)和詹姆斯·斯嘉丽特(James Scarritt)对此进行了系统的分析②。这些研究丰富了我们对非西方环境下政党体制的认识,并且对其他地区的政党体制研究形成了有益的启示。

同样,在亚洲政党政治的研究中,学者也在思考亚洲情境下的政党案例如何证实或者证伪西方的政党理论。美国著名的选举研究专家罗素·达尔顿(Russell Dalton)在解释西方选民的投票行为时提出了四组选民理论。他把选民分为四类：不关心政治者(apoliticals)、非党派人士(apartisans)、仪

---

① Michelle Kuenzi and Gina Lambright, "Party System Institutionalization in 30 African Countries", *Party Politics*, 2001, 7(4), pp.437-468.
② Shaheen Mozaffar and James Scarritt, "The Puzzle of African Party Systems", *Party Politics*, 2005, 11(4), pp.399-421.

式性党派人士(ritual partisans)和认知性党派人士(cognitive partisans)[①]。达尔顿的选民理论是根据西方社会的实际归纳出来的,能否适用于其他地区和国家呢?几位韩国学者对这个问题给出了自己的答案。通过使用2012年亚洲选举研究(Asian Election Study)的数据,这些研究人员发现在韩国这个新兴的亚洲民主国家,达尔顿的理论基本上是成立的[②]。这种类似的研究很多,在非西方的背景下,西方的理论能够解释什么,不能解释什么,不仅有利于加强西方世界与非西方世界的学术交流,更能够扩大社会科学研究的影响力和现实解释力。

在第二个可能的贡献方面,目前学术界的成果还尚不丰富。与此同时,这也说明这方面的研究潜力巨大。如果能够不断推进对非竞争性体制的研究,那么我们就能够重新找回萨托利的治学传统,从而为构建一个广义的政党理论开辟新的方向。众所周知,在20世纪的政党研究中,学术界涌现出了很多政党研究大家,如米歇尔斯、萨托利、迪韦尔热、卡茨、基希海默尔等。他们之所以成为大家,是因为他们都提出了广义的政党理论,实现了政党研究的大发展。进入21世纪,

---

① Russell Dalton,"Cognitive Mobilization and Partisan Dealignment in Advanced Industrial Democracies",*The Journal of Politics*,1984,46(1),pp.264-284; Russell Dalton,"Partisan Mobilization, Cognitive Mobilization and the Changing American Electorate",*Electoral Studies*,2007,26(2),pp.274-286.

② Jun Young Choi, Jiyoon Kim and Jungho Roh,"Cognitive and Partisan Mobilization in New Democracies: The Case of South Korea",*Party Politics*,2017,23(6),pp.680-691.

政党研究的成果依然在不断涌现，但是似乎现在的研究越来越碎片化。尽管这些研究成果的科学化水平在不断提高，但是研究的格局似乎越来越小。21世纪以来，世界发生了翻天覆地的变化，政党所能发挥的作用和功能也在改变，传统的政党理论有时候已经不再有效，而对能够解释新现象的广义政党理论之需求却与日俱增。那么广义的政党理论构建何以可能？

第三节 广义的政党理论何以可能？

如果我们能够重新找回萨托利的治学传统，把竞争性和合作性政党体制结合起来，把西方国家的政党和其他国家的政党再次放到一个分析维度上，那么就有可能开辟出一个新的构建广义政党理论的方向。下文将试图从竞争与合作关系的角度来构建一个广义的政党理论。

世界上政党之间的关系无非是竞争与合作。竞合关系的形成和发展是我们理解政党关系的一个基本出发点。只要有多个政党存在，就一定会有竞争与合作关系。如果政党之间只有竞争没有合作，现实政治往往会变得混乱不堪。在极端情况下，政局也会变得非常不稳定。如果政党之间只有合作没有竞争，那么必然会造成一些政党失去组织活力和运行效率。考察政党之间的竞合关系可以从获得执政合法性和治国理政两个阶段展开。第一种理想类型是政党之间的竞合关系在这两个阶段都没有发生变化，我们可以将其称为全时竞合关系。第二种理想类型是政党之间的竞合关系在这两个阶段发生了明显的变化,我们可以将其称为分时竞合关系。在第一种理性类型中,之所以政党之间的竞合关系能够在获得执政合法性和治国理政两个阶段基本保持不变,关键之处在于其他政党始终承认获得执政权的政党的合法性。而在第二种理性类型中,之所以政党之间的竞合关系会在两个阶段中发生变化,最核心的问题就是没有一个政党能够始终获得执政的合法性。在西方的主流政治实践中,尤其是在两党制和多党制国家,政党之间的竞合关系是分时的,以选举为界限——选举之前是竞争关系为主,选举之后合作的重要性陡增,所以是一种分时竞合关系。

西方国家的政党关系是分时竞合关系的典型代表。各个政党之间在选举过程中是以竞争关系为主,选举结束之后就会寻求建立政党间的合作关系。因为西方的政党是以代表一部分社会利益而寻求上台执政的,所以他们很难获得长期执政的合法性。比如在美国,每隔四年或者八年,美国总统就会在共和党与民主党之间实现轮换。而在美国议会中,也是多次在中期选举之后就实现了国会主导权的转移。在英国这种议会制民主国家,情况也比较类似。英国工党与保守党在二战结束之后长期轮流执政,没有一个政党能够长期执政。而且随着各个政党在选举中政策分歧的增加,政党的长期执政就会变得更加艰难。

为了提高长期执政的可能性,参加竞选的政党就必须囊括更加广阔的政策主张,而且在上台执政之后必须与其他政党建立紧密的合作关系。这方面的典型代表就是德国的默克尔政府。2005年,默克尔代表基民盟/基社盟角逐德国总理之位。但是因为基民盟与社民党在大选中打成了平手,所以只有通过政党合作才能进行组阁。最终,一个前所未见的"左右大联盟"形成,默克尔出任德国联邦总理,而内阁成员多个岗位被社民党占据。在2009年,议席较上届大选有所增加的基民盟选择与中间偏右的自由民主党合作组阁。到了2013年,由于自由民主党表现不佳被逐出国会,基民盟再次选择与社民党组建大联合政府,共同执政。在2017年的大选过后,经过艰难的谈判,基民盟再次选择与社民党组成大联合政府。这种政党合作组成大联盟政府的局面不仅在德国联邦层面屡次上演,而且在州的层面更加频繁出现。例如,在德国联邦历史上,只有汉堡、萨克森-安哈尔特、萨克森自由、北莱茵-威斯特法伦四个州从未出现过大联合政府,德国其他12个州都出现过大联合政府。

当然,在一些国家,分时竞合关系的模式没有被很好地采纳。作为欧元区第三大经济体的意大利就是这方面的典型。意大利政局长期不稳的一个很重要原因就是政党之间竞争加剧而缺乏合作。2010年以来,意大利已经换了六任总理,目前担任总理一职的朱塞佩·孔特并无从政经历,只是极右翼政党联盟党与民粹主义政党五星运动党推出的一个妥协人物。可以预见的是,意大利政坛中的三股势力(中左联盟、五星运动党和中右联盟)的斗争还将持续下去,对意大利经济乃至欧元区的消极影响还会继续增强。

从竞合关系出发,我们能够发现,西方的政党政治不是只围绕着政党竞争展开的。一个运行良好的政党政治不仅需要竞争,也需要政党合作。在获得执政合法性之前,西方的政党主要是以竞争为主,而选举结束之后,政党合作的重要性变得异常重要,这是一种分时竞合关系。而在很多非西方国家,全

第八章 反思欧洲中心论下的政党研究

时竞合关系更加流行。因为在这些国家的发展过程中,执政党的上台和执政是得到了其他政党的衷心支持和拥护的,其合法性的问题就得到了有效的解决。那么在这些国家中,只要执政党能够一直保持良好的执政绩效,一直能够提升国家的政治、经济和文化发展实力,一直能够提高老百姓的生活水平,那么全时竞合关系就能够保持稳定。

在21世纪研究政党政治的时候,一方面我们承认非西方国家与西方国家的政党政治的实践存在着很大的不同,另一方面也应该注意到这两种体制之间的关联。西方政党政治学者热衷于把竞争范式引入和扩展到所有政党现象之中。竞争范式的不断强化促使学者不断挖掘政党之间的紧张关系,而且主要是依赖定量的方法来把这种紧张关系具体化。这些研究虽然对分析如何提高政党上台执政的可能性大有裨益,但是也显露出一些弊端,那就是忽视了政党之间如何通过合作来推进国家治理的进一步发展。毕竟一个政党的上台只是政党活动的一部分,驾驭政府治国理政才是现代政党的题中之义。我们应该反思当前西方学术界在对待竞争性体制和合作性体制适用性方面存在的问题,并且在反思的基础之上试图沟通西方与非西方的政党政治研究。我们应该看到,世界上绝大多数国家的政党政治都是被竞争与合作共同裹挟的政治实践,两者之间的主要差异在于有些国家是全时竞合关系体制,而有些国家是典型的分时竞合关系体制。这个理论反思为我们构建广义的政党理论提供了一个新的方式。

第三部分

政党政治的
地区情势

本书的前两个部分主要涉及西方政党政治的经典理论和前沿议题。在这一部分,本书将在理论和前沿的基础上开展地区情势的介绍和分析。如果说前两个部分是本书的理论内核,那么这一部分则体现本书的政策意蕴。

所谓地区情势,是对政党政治在欧洲、美洲、亚洲和非洲国家的情况介绍和发展形势研判。"情势"一词来自中国共产党中央委员会对外联络部(简称"中联部")的信息编研室组织编写的"当代世界政党情势"系列丛书的名称。情势包含情况介绍和形势研判的含义,对于研究者追踪政党政治的国际动态有重要参考价值。

分析政党政治的地区情势并不容易,这需要深厚的理论功底和长期的追踪研究。本部分的参考资料来源包括学术资料、政府网站资料和新闻媒体资料三种。学术资料来自笔者过去五年从中文和英文的著作和论文中积累的关于国外政党的信息;政府网站资料主要包括中国外交部网站(国家和组织简介)和美国中央情报局网站(世界概览报告);新闻媒体资料包括美国有线电视新闻网(CNN)、英国广播公司(BBC)、路透社(Reuters)、新华社和《人民日报》等。与此同时,本书的写作也用到了维基百科和一些其他网络上的信息资料。尽管困难重重,但是这项研究工作很有意义。一方面,对不同国家和地区政党政治的发展情况和态势进行比较分析能够更好地把握政党政治的世界发展大势。另一方面,这些研究能够为我国推进和加强与其他国家政党的交流与合作提供学术支持。今日的中国正在快速崛起,开展区域和国别研究对于推动中国崛起意义重大。本部分试图从政党政治的角度为开展区域和国别研究略尽绵薄。

需要说明的是,本部分讨论了欧洲、美洲、亚洲和非洲地区绝大部分国家的政党政治情势,但未包括大洋洲地区。在每个地区,有些国家的政党政治情况和发展趋势未被纳入其中。其中,部分原因是这些国家人口和面积偏小,另一部分原因是其政党政治极不稳定、政党制度化水平低下。

第九章 欧洲政党政治的地区情势

欧洲内部的政党政治正在发生重要转变。2012年开始的欧债危机对欧洲政党政治的格局产生了很大影响。希腊、法国、德国等国的主流政党因为在处理欧债危机中的表现不佳，失去了大量的选票支持。英国脱欧对英国政坛的影响还在持续发酵。2019年刚刚结束的欧洲议会大选也透露出欧洲政党发展的新方向。传统的中间势力在本次大选中表现不佳，说明欧洲选民对主流的中间立场政党有不满情绪。右翼尤其是极右翼政党的表现不均，但是普遍增加了自己的议席。其实表现最为亮眼的是绿党。绿党党团在欧洲议会中的席位增长到了69个，从而成为第四大投票集团。这进一步表明了欧洲人对于当前环保问题和气候变化问题的担忧。

第一节 西欧政党政治的地区情势

一、英国

英国是现代政党政治的诞生地，是欧洲政党发展的风向标。作为一个比较典型的两党制国家，自从工党在20世纪20年代取代自由党以来，英国政党的格局是保守党与工党二分

第九章　欧洲政党政治的地区情势

天下,轮流执政。当然,两党制的英国与美国还是不一样的。作为威斯特敏斯特议会国家,其他政党尽管不能挑战两大党的霸主地位,也在议会中比较活跃。在很长一段时间,自由民主党一直是议会中稳定的第三党。

进入 21 世纪以来,英国政党政治的发展有如下几点值得关注。

第一,议会第三党的位置从自由民主党转移到了苏格兰民族党的手中。苏格兰民族党是英国苏格兰地区的一个政党,长期致力于推动苏格兰的独立。该党在 2007 年取代工党成为苏格兰议会第一大党,并且组建了少数派政府。2011 年,该党在苏格兰议会中更进一步,首次成功组建多数派政府。在 2015 年的英国下议院大选中,苏格兰民族党完成了自己的"三级跳",获得了 56 席议会席位,首次建立了自己下议院第三大党的地位。尽管在 2017 年英国大选中失去了一些席位,但是苏格兰民族党第三大党的地位依然稳固。在未来相当一段时间内,自由民主党和其他政党恐怕都无法撼动苏格兰民族党第三大党的地位。

第二,保守党和工党领袖对本党控制能力下降。英国的政党政治传统比较强调政党的对内团结和对外一致。因此,在英国下院的辩论中,我们经常能够看到本党议员在议席上积极发声以声援本党领袖发言的"有趣一幕"。但是当面对一些比较棘手的政策难题时,英国的两党议员也可能会激烈反对本党领袖。例如,当特蕾莎·梅(Theresa May)在 2018 年 11 月刚刚宣布政府内阁对脱欧草案达成一致不久,就有艾斯特·麦克维(Esther McVey)等多位本党议员兼内阁成员辞去政府职位。而且比较讽刺的是,麦克维本身就是保守党的副党鞭①，具有执行和维护政党纪律的责任，而她却因为政策分歧而选择与本党领袖背道而驰。

第三，英国与欧洲的关系正在深度影响英国政党政治的格局。英国与欧洲大陆的关系一直是英国政治中的核心问题。在欧洲一体化的过程中，英国一直扮演了不太积极的角色。即使在成为欧盟一员之后，英国也在很多方面保持着自己的独立。例如，英国没有像其他国家那样使用欧元，而是坚持使用英镑作为货币；在欧债危机期间，英国也没有积极伸出援手。在这种情况下，欧盟内部对英国不满的情绪在迅速增长，英国脱离欧盟的意愿也在逐渐增长。最终，英国卡梅伦政府在2016年推动了脱欧公投，而投票结果显示支持脱欧的票数更多一些。在这种情况下，卡梅伦下台，支持脱欧的梅首相上台执政。三年过去了，现在的情形是脱欧进程非常不顺利，已经开始演变成了"拖欧"。围绕着脱欧问题，英国两党内部都产生了较大的震动。特蕾莎·梅因为脱欧协议已经下台，鲍里斯·约翰逊（Boris Johnson）赢得保守党内多数派的支持继任首相之位。不管英国最终能否顺利脱欧，围绕脱欧而产生的一系列后遗症将继续影响英国的政党政治。

---

① 党鞭是政党中的一个正式职位。它的设立是为了保障本党议员在议会中的纪律。在英国、美国、奥地利、加拿大、印度、马来西亚、新西兰、爱尔兰、南非等国家的政党中都设有党鞭。关于党鞭的研究，请参考 Andrea Ceron, "Brave Rebels Stay Home: Assessing the Effect of Intra-Party Ideological Heterogeneity and Party Whip on Roll-Call Votes", *Party Politics*, 2015, 21(2), pp.246-258。

二、法国

法国是一个典型的多党制国家。单一政党很难独自有机会赢得大选独揽大权。在这种情况下,任何一个政党天然都要考虑如何与其他的一个或者多个政党协商来组成竞选联盟。在很长一段时间,法国政坛被两大政党联盟所垄断,由两大政党联盟轮流坐庄执掌大权。第一个政党联盟是中左联盟,由法国社会党领导。社会党在这个联盟中的其他友党包括绿党和左翼激进党等。第二个政党联盟是中右联盟,由法国共和党领导。法国共和党是2015年成立的,它的前身是1995—2012年执政的人民运动联盟。法国共和党的改名是法国前总统萨科齐提议并且推动的。共和党与其他政策偏右的政党(如民主党人和独立者联盟)结成同盟。需要说明的是,法国的这些老牌大党的内部派系非常复杂。无论是中左联盟还是中右联盟内部,这些政党都有很多派系。例如,中右联盟内有萨科齐派、改革者派、戴高乐派、激进派等。这两大政党联盟内部的诸多派系很多时候会削弱政党的凝聚力和执政能力。

当前法国政党发展中最引人瞩目的是两点。

第一点是国民联盟(National Rally)在过去几年的迅猛发展。国民联盟是法国的一个极右翼民粹主义政党,它的前身是国民阵线(National Front)。在马丽娜·勒庞(Marine Le Pen)的领导下,该党成为一个很受关注的大党。虽然目前仍然没有赢得任何重要的政府职位,但是该党的影响力是不可小觑的。在2017年法国总统选举中,马丽娜·勒庞以第二名的得票率进入了大选的第二轮。尽管她最终败给了马克龙,但是她的得票率高达33.9%,证明了她在很多选民中的影响力。在当前欧洲的政治风气中,国民联盟的发展有望达到一个新的层次,影响力会进一步扩大。

第二个引人注意的变化是马克龙领导的共和国前进党(The Republic Onwards!)崛起为第一大党。共和国前进党成立于2016年,由年轻的政治家马克龙领导。该党从成立到崛起为法国第一大党是一件几乎不可思议的事情,因为法国政坛长期被左、右两大联盟所掌控。当然,这个政党的上台背后也有一些重要的原因。比如,它的政策立场居中,能够迎合较多的选民关切。年轻的马克龙也非常具有魅力,他在瓦尔斯内阁中担任经济部长一职,给自己积累了从政的经验和资本。但是共和国前进党的发展前景也不明朗。就目前来看,马克龙的经济政策比较激进,虽然他的经济举措能够为法国经济带来一些调整,但是目前也受到了很大的争议和反对。2018年爆发的黄马甲运动正在考验马克龙的执政水平,法国社会底层和中产阶级很可能因为不能接受马克龙的经济政策而在下次选举中惩罚共和国前进党。

三、爱尔兰

爱尔兰是多党制国家,国内政党数量颇多。爱尔兰的政党政治有自己鲜明的特点,它的政党谱系不是根据左右来区分的,而是根据英格兰-爱尔兰关系来区分的。爱尔兰早年被英国吞并,建立了大不列颠和爱尔兰联合王国。随着爱尔兰地区主义的蓬勃发展,爱尔兰独立战争爆发,后来双方代表签订了《英爱条约》(Anglo-Irish Treaty)。当时爱尔兰国内的主要政党是新芬党(Sinn Fein Party),其内部因是否支持《英爱条约》又分为两个派系:支持这个《英爱条约》的派系后来发展为爱尔兰统一党(Fine Gael);不支持这个条约的派系后来发展为爱尔兰共和党(Fianna Fail)。统一党和共和党成为爱尔兰的两大主流政党,且大部分时间是由共和党作为执政党。在 2011 年的大选中,长期获得组阁主导权的共和党经历了耻辱性的大败,从第一大党的位置跌落为第三大党。之所以会出现这个结果,与希腊执政党泛希腊社会主义运动联盟突然在大选中经历惨败如出一辙。与希腊一样,爱尔兰的财政也出现了危机,导致政府在面对欧盟的救援时不得不采取很多紧缩措施,导致民众大失所望,用选票来惩罚执政党。不过共和党的颓势在 2016 年的大选中得到了缓解,其议席数上升到了第二位。当前的执政党是爱尔兰统一党,成立于 1933 年。统一党一旦获得议会多数,往往会选择与工党联合组成联盟政府。爱尔兰工党成立于 1912 年,是爱尔兰的左翼政党。该党在历史上一直处于第三大党的地位,择机选择与共和党或统一党结盟上台执政。但是近年来,工党表现出疲软态势,比如在 2016 年大选中,该党只获得了 7 个席位。现在议会第三大党是新芬党,这个新芬党与老新芬党的名字一样,该党在爱尔兰国内和北爱尔兰地区都有席位,但是从来不参与英国国会会议。

四、比利时

比利时号称是欧洲的"首都",欧盟的总部、北约的总部和其他很多国际组织的总部都设在比利时首都布鲁塞尔。在政治上,可以说比利时是欧洲的中心,但是颇具讽刺意味的是,比利时在政治上是一个非常"分裂"、没有中心的国家。比利时面积虽然不大(比我国的海南岛还要小一点),但是国内被分为三个社群和三个大区。三个社群是根据语言进行的划分,包括弗拉芒语社群、比利时法语社群和比利时德语社群。三个地方的大区是弗拉芒大区(北方)、瓦隆大区(南方)和布鲁塞尔-首都大区。北方的弗拉芒大区从20世纪初就一直在开展弗拉芒独立运动,一直试图用和平的方式离开比利时成为一个独立的国家。在这样一个地区和语言非常分裂的环境下,比利时的政党也显得非常分裂。在比利时,主要的政党都是根据语言划分的。议会中的政党有讲弗拉芒语的政党、讲比利时法语的政党和讲比利时德语的政党。

讲弗拉芒语(又称弗拉芒荷兰语)的政党主要包括新弗拉芒联盟党(New Flemish Alliance)、基督教民主和弗拉芒党(Christian Democratic and Flemish)和开放弗拉芒自由民主党(Open Flemish Liberals and Democrats)。新弗拉芒联盟党成立于2001年,是一个民族主义和保守主义政党,属于弗拉芒独立运动的一部分。该党近年来发展迅猛,已经成为弗拉芒大区第一大党,在比利时联邦层面也是属于第一大党。基督教民主和弗拉芒党成立于1968年,在新弗拉芒联盟党之前,它是弗拉芒地区的第一大党。

讲比利时法语的政党主要包括社会党(Socialist Party)和改革运动党(Reformist Movement)。社会党成立于1978年,是法语区的第一大党。改革运动党成立于2002年,当时是几个政党合并组成的新的法语区改革运动党。在荷兰语区也有改革运动党,1972年,自由党分裂为法语区和荷兰语区两个改革运动党。

讲比利时德语的政党主要包括基督教社会党(Christian

Social Party)和亲德语社群党(ProDG)。基督教社会党成立于1971年,亲德语社群党成立于2008年。这些讲比利时德语的政党在政治实力上比讲弗拉芒语(荷兰语)和讲比利时法语的政党要小得多。

当然,比利时也有全国层面跨语区的政党。其中,最主要的是比利时工人党(Workers' Party of Belgium)。它成立于1979年,是比利时国内最大的跨语区政党。该党是左翼政党,曾经主办过国际共产主义研讨会。在2019年的比利时大选结束之后,工人党的席位得到了增加,荷语区和法语区的主流大党的席位都有所减少。另外一个在本次大选中表现抢眼的是极右翼政党弗拉芒利益党(Vlaams Belang)。该党成立于2004年,前身是弗拉芒国家党与弗拉芒人民党合并的弗拉芒集团。该党奉行分裂主义、保守主义和民族主义的立场,它的发展对于已经比较分裂的比利时来讲应该不是一个好消息。

五、荷兰

荷兰是一个具有很强政党特色的国家。它实行多党制,国内政党众多,而且在过去一百多年里都靠政党联盟执政。在其他多党制国家,单一政党虽然也很难单独上台执政,但是有时候也有机会形成单一政党的多数政府。但在荷兰,单一政党占据议会多数从而实现单独上台的情况一直没有出现。在21世纪初期,基督教民主联盟(Christian Democratic Appeal)一直是议会第一大党负责组阁。但在2010年大选之后开始失去主导权,议会席位不断减少。而取代它的是自由民主人民党(People's Party for Freedom and Democracy),该党成立于1948年,是基督教民主联盟之后的主导性政党。

另外一个值得特别关注的政党是自由党。自由党的创始人之前是荷兰主流政党自由民主人民党的成员，后来他脱离该党成立了自由党。自由党没有几个党员，该党的创始人格尔特·威尔德斯（Geert Wilders）大部分时间是通过网站和推特与选民直接互动。学术界把这个政党称为网络党。尽管就总体而言，网络党的力量还不足以颠覆传统的政党格局，但是自由党在荷兰议会选举中已经取得了较大的胜利，未来的发展值得我们密切关注。

六、德国

德国是欧洲经济实力最强的国家，是欧盟的主导国。德国政党政治的历史非常悠久，发展过程也非常曲折。在19世纪，政党就开始在德国议会活动。后来德国走上了军事扩张的道路，民主政治遭到了破坏。在一战结束之后，短暂建立起的魏玛共和国无力解决德国社会的问题，希特勒借机利用民主的机制上台，并且很快再次把德国打造成了战争国家。在第二次世界大战中，纳粹德国取消了国内除纳粹党以外的所有政党，也在占领地区取缔了其他政党，这导致欧洲的政党政治遭受了很大的破坏。在二战结束之后，战败的德国被一分为二，民主德国实行社会主义制度，联邦德国实行资本主义制度。民主德国的执政党是共产党，国内还有几个小的民主党派。联邦德国开始实行多党制，允许各个政党开展活动。

苏联解体和东欧剧变之后，德国实现了国家统一并且继续实行多党制。德国国内政党数量很多，但主要的大党有两个。他们分别是德国社会民主党（Social Democratic Party of Germany）和基督教民主联盟（Christian Democratic

Union)。社会民主党的前身可以追溯到1863年,因此它是德国历史上最悠久的左翼政党。社会民主党在100多年的发展过程中,不是担任主要的反对党就是加入执政联盟,一直在政坛表现得非常活跃。但近年来,社会民主党的选举表现不太理想,得票率出现走低的趋势,而且因为党员年龄结构偏大,对年轻人的吸引力不够,这是该党在未来发展的隐忧。基督教民主联盟,简称"基民盟",成立于1945年,是奉行保守主义和基督教民主主义的政党。该党在21世纪由默克尔领导,默克尔从2005年开始担任联邦总理,是德国历史上第一位女性联邦总理,而且任职时间也非常长。基民盟长期与小党基社会盟结成姊妹党。德国政坛其他主要政党的情况如下。首先是联盟90/绿党(Alliance 90/The Greens)。德国的绿党是世界上最早的环保主义政党,对其他国家的绿党建立起到了巨大的推动作用①。在1993年,联盟90加入绿党,组建新的联盟90/绿党。绿党作为中间偏左的政党,与左翼的社会民主党关系较好,属于联盟关系。近年来发展较快的一个政党是德国另类选择党(Alternative for Germany),该党成立于2013年,是一个极右翼民粹主义政党。该党在德国政坛特色鲜明,它反对移民,反对伊斯兰,反对欧洲一体化,带有强烈的民族

---

① 关于德国绿党及欧洲绿党的研究,可参考 Thomas Poguntke, *Alternative Politics:The German Green Party*, Edinburgh University Press, 1993; Dick Richardson and Chris Rootes, eds., *The Green Challenge: The Development of Green Parties in Europe*, Routledge, 2006; Elim Papadakis, "Social Movements, Self-Limiting Radicalism and the Green Party in West Germany", *Sociology*, 1988, 22(3), pp.433-454。

保守主义色彩。另类选择党在德国联邦议会中的席位这些年一直在稳步上升,目前是议会第三大党。在地方层面,该党也有比较迅猛的发展,在州议会中占有将近200个席位。自由民主党(Free Democratic Party)是德国政坛的一个老牌政党,成立于1948年,主要支持基民盟政府。

德国政党政治在未来数年会迎来较多变化。首先,德国总理默克尔已经表态在2021年总理任期结束之后不会寻求连任。默克尔担任德国总理多年,毁誉参半。她的一些政策如处理难民危机招致了很多的批评,被认为是导致民粹主义在德国兴起的一个主要原因。当然,她也为德国和欧盟的稳定作出了巨大的贡献。她离任之后,基民盟将采取何种政策值得关注,继任者能否带领基民盟继续成为第一大党也是一大看点。其次,社民党的未来值得关注。社民党在近些年表现疲软,面对民粹主义政党咄咄逼人的态势,社民党并没有太好的政策主张。在未来,社民党维持自己第二大党的地位并不容易。最后,德国政坛的新兴势力能否颠覆德国政党政治的基本盘是一个最大的看点。德国历史上曾经出现过纳粹党,虽然二战结束之后,德国政府进行了反省,采取了很多措施来压制极端思想,但是随着另类选择党等右翼和极右翼政党的兴起,历史会不会重演还未可知。

七、瑞士

瑞士是欧洲非常有特色的一个国家。瑞士发达的经济和诸多跨国公司为人所熟知,但是它在政治方面的特点却不被很多人了解。瑞士虽然国土面积不大,却是一个联邦制国家,国内有德语区、法语区和意大利语区三个主要文化区。瑞士

第九章 欧洲政党政治的地区情势

实行三权分立体制：议会是两院制，瑞士联邦委员会是行政权主体，瑞士最高法院是司法部门。瑞士联邦委员会作为最高行政机关，共有7名行政委员，他们都是国家元首。瑞士联邦主席由7名委员轮流担任，任期1年。联邦主席并没有特殊的权力，只是会议主持人和对外代表。瑞士是世界上少数实行直接民主体制的国家，公民在国内对本国的内政外交拥有很大的决策权。一定人数公民的同意甚至可以修改联邦宪法，对于政府的政策，公民也可以组织起来选择抵制。

瑞士的政党体制也非常有特色。作为一个多党制国家，国内有几个主要政党组成大联盟政府，共同执掌国家政权。这些政党包括：瑞士社会民主党（Social Democratic Party of Switzerland）、瑞士自由民主党（FDP.The Liberals）、瑞士人民党（Swiss People's Party）和瑞士基督教民主人民党（Christian Democratic People's Party of Switzerland）。社会民主党成立于1888年，是目前瑞士联邦议会中和瑞士联邦委员会中唯一的左翼政党。瑞士人民党成立于1971年，是当前议会中的第一大党。该党具有鲜明的右翼民粹主义色彩。瑞士基督教民主人民党成立于1912年，在瑞士天主教农村地区影响力巨大。瑞士自由民主党成立于2009年，是由自由民主党和自由党合并而成。它的前身是1894年成立的自由民主党，在二战结束之后，自由民主党和社会民主党相继成为国家第一大党。在2003年之前，通过协商，7个联邦委员的席位按照如下规定分配：瑞士社会民主党、瑞士自由民主党、瑞士基督教民主人民党各有2个席位，瑞士人民党只有1个席位。在2003年的大选中，瑞士基督教民主人民党遭遇惨败，席位数量减少为1个，人民党增加了一个席位。

八、奥地利

奥地利在历史上是欧洲举足轻重的国家。进入 20 世纪，该国的政党版图主要是由社会民主党（Social Democratic Party of Austria）和人民党（Austrian People's Party）掌控。社会民主党成立于 1945 年，属于中间偏左的政党，与工会联系紧密。而人民党成立于 1945 年，属于中间偏右的政党。有趣的是，两党在大部分时间结成政党联盟、组建大联盟政府，这在欧洲政党史上并不多见。进入 20 世纪 90 年代，传统两强局面开始受到冲击，极右翼政党自由党（Freedom Party of Austria）开始崛起。自由党成立于 1956 年，因为奉行反移民和反欧盟的立场而被认为是右翼民粹主义政党。

近年来，人民党和社会民主党在议会中的表现差强人意，从而为自由党加入联盟政府提供了机会。在 2017 年大选过后，人民党与自由党组成联盟，共同上台执政。人民党的党魁是年轻的塞巴斯蒂安·库尔茨（Sebastian Kurz）。但是两党的结盟在 2019 年遭遇了危机，自由党的领导人发生了"通俄"丑闻[①]，导致社会民主党联合自由党共同提出了不信任案，库尔茨被罢免了总理一职。这起丑闻将对自由党产生何种影响有待观察，但是必将会对奥地利的政党格局产生新的影响。

[①] 有媒体在 2019 年 5 月公布了一段奥地利自由党主席斯特拉赫在 2017 年和疑似俄罗斯富商侄女之间的谈话视频，双方的谈话涉及大量权钱交易内容，引发了奥地利的政治地震。

第九章　欧洲政党政治的地区情势

第二节　北欧政党政治的地区情势

一、丹麦

丹麦是多党制国家,国家层面有三个主要大党。他们分别是社会民主党(Social Democrats)、丹麦人民党(Danish People's Party)和自由党(Denmark's Liberal Party)。自由党成立于1870年,是丹麦建立最早的政党,该党目前是丹麦的执政党,它在21世纪初的前10年也是联盟政府的核心政党。人民党成立于1995年,具有民族保守主义和民粹右翼色彩,是目前丹麦的第二大议会政党。该党从来没有上台执政过,但是民众支持率一直在稳步提升。社会民主党成立于1871年,也具有悠久的历史。该党在历史上多次组成联盟政府上台执政,但是在21世纪初的前10年,该党一直是反对党。在2015年的大选中,社会民主党赢得了最多的议席,但是没有获得组阁权。在2019年大选中,社会民主党获得了胜利,拥有了组阁权。

二、挪威

挪威的政党政治在北欧属于发端比较早的。早在1884年,挪威就成立了自由党(Liberal Party)。不久之后,保守党(Conservative Party)也建立起来,并开始与自由党竞争。这样,两党制的格局就在19世纪末、20世纪初建立起来。在二战结束之后,工党(Labour Party)在挪威形成了一党独大之势。然而,随着工党的政策失误增多,其他政党也逐渐发展起来,使得挪威的政党体制走向了多党制。

进入21世纪,因为没有任何一个政党有能力担当组阁,所以绝大多数时间是保守党和工党两个大党联合其他政党组成联合政府。目前在挪威政坛,其他比较有实力的政党包括进步党(Progress Party)和中间党(Centre Party)。进步党起源于挪威的抗税运动,正式成立于1973年。该党是右翼带有民粹主义色彩的政党,2016年以来开始奉行反对欧盟的政策。因为在2017年的议会选举中赢得27个席位,所以该党与保守党结盟组成了联合政府,占据了内阁的多个重要岗位。中间党成立于1920年,是保护农民利益的农业党。该党也反对欧盟,而且长期不与工党结盟。但是在2005年,该党开始改变自己的策略,加入了工党领导的红绿联盟。随着欧洲政坛有进一步向右转的趋势,未来保守党的执政联盟可能会进一步保持对工党的红绿联盟的优势。

三、瑞典

瑞典是北欧第一大国家,它的"从摇篮到坟墓"的福利制度令人瞩目,被人称为瑞典模式。瑞典在建立完备的福利制度的基础之上还能保持经济的健康发展,引起了学术界极大的研究兴趣[①]。学者们普遍认为瑞典模式的建立与该国的政

---

① 关于瑞典模式的研究,请参考 Mark Blyth, "The Transformation of the Swedish Model: Economic Ideas, Distributional Conflict, and Institutional Change", *World Politics*, 2001, 54(1), pp.1-26; Johannes Lindvall, "The Politics of Purpose: Swedish Economic Policy after the Golden Age", *Comparative Politics*, 2006, 38(3), pp.253-272。

第九章 欧洲政党政治的地区情势

党政治有着极大的关系。瑞典是多党制国家,国内政党数量很多,单一政党也难以一己之力单独上台执政,所以更多时候需要组成执政联盟。自20世纪以来的100多年间,瑞典国内都有一个比较稳定的执政党——社会民主党(Social Democratic Party)。除了几次失去执政的机会外,社会民主党大部分时间都与其他小党结盟掌控瑞典政府。

瑞典的社会民主党成立于1889年,是一个历史非常悠久的政党,属于中间偏左的政党。它在20世纪多数议会选举中,所获得的选票都能占到40%左右。因为能够长期上台执政,所以社会民主党政府的政策一直保持着很好的连贯性,对于维护瑞典模式作出了重大贡献。瑞典国内其他的主要政党包括:温和党(Moderate Party)、绿党(Green Party)和瑞典民主党(Sweden Democrats)等。温和党是瑞典的主要反对党,最早成立于1904年,于1969年改为现在的名称。绿党是环保主义政党,1981年成立。瑞典民主党成立于1988年,是反移民和反伊斯兰的右翼民粹主义政党。因为它的极右翼立场,所以议会中的其他右翼政党都拒绝与它结盟。在2006年的大选中,社会民主党的得票率创下了史上最低,导致无法组阁。温和党借此联合其他三个右翼政党,成功组成联合政府一直到2014年。尽管在2014年之后,社会民主党再次成功组阁,但它的得票率再次创下史上新低。在一定程度上,社会民主党一党独大地位的削弱反映了瑞典模式的困境。未来,瑞典的政党政治可能会进一步走向充满竞争力的多党制,社会民主党的一党独大地位将失去,瑞典的经济政策将会发生改变。瑞典模式将走向何方,值得我们持续关注。

四、冰岛

冰岛是有着世界上最悠久的议会历史的国家。很多人认为冰岛在公元930年建立的议会（Alpingi）是世界上最早的议会。冰岛人口不足40万，但是国家层面有多个政党活动。主要的政党包括独立党（Independence Party）、进步党（Progressive Party）、左翼绿色运动党（Left-Green Movement）、社会民主联盟党（Social Democratic Alliance）和海盗党（Pirate Party）等。独立党成立于1929年，由保守党和自由党合并在一起而组建。自成立开始，独立党一直是冰岛第一大党。但是在2009年，独立党遭遇了选举的滑铁卢，原因与希腊和爱尔兰的情况一样，都是由财政危机引起的。进步党成立于1916年，代表国内农业团体和农民的利益，大部分时间与独立党结成联盟。左翼绿色运动党成立于1999年，是冰岛的绿党。左翼绿色运动党大部分时间是议会的反对党，但是这些年发展迅猛，目前是联盟政府中的核心政党，现任冰岛总理卡特琳·雅各布斯多蒂尔（Katrín Jakobsdóttir）出自左翼绿色运动党。社会民主联盟成立于2000年，由四个中左翼政党联合而成。该党大部分时间是议会的反对党，对抗右翼政党。海盗党成立于2012年，是冰岛新兴政党。海盗党支持直接民主、信息自由流通和政府透明，在2016年的选举中曾经跃居为第三大党，后来议席减少，但仍然在政坛有重要影响力。

五、芬兰

芬兰是一个多党制国家，国内有四个主要大党：民族联合党（National Coalition Party）、芬兰中间党（Centre Party）、芬兰社会民主党（Social Democratic Party）和正统芬兰人党（Finns Party）。民族联合党成立于1918年，该党与欧盟和北约非常亲近，在很长时间里与社会民主党和中间党组成了芬兰政坛的"三巨头政党"。中间党是芬兰的主要政党，成立于1906年，该党主要代表农村和社会中下层的利益，2003—2011年是国会第一大党。社会民主党成立于1899年，是左翼政党，在2019年的大选中成为议会第一大党。正统芬兰党成立于1995年，属于后起之秀，该党是保守主义政党，反对堕胎，反对欧盟的移民政策。在2019年大选中，正统芬兰党成为第二大党，而民族联合党和中间党都表现乏力。绿党的表现也超过预期，芬兰的传统政党格局在向新的发展方向转变。

第三节　南欧政党政治的地区情势

一、意大利

意大利是多党制国家，国内政党数量众多，单一政党很难单独上台执政。因此，政党为了在大选中获得席位，很多时候是组成政党联盟参与竞选。在20世纪末、21世纪初，贝卢斯科尼领导的意大利力量党（Forza Italia）比较强势，他本人也多次出任意大利总理。贝卢斯科尼是理解意大利政坛绕不过去的一个人物。他是一个比较成功的商人，以建筑业发家，后来进军传媒业成为媒体大亨。他还投资体育，成为意大利著名足球俱乐部AC米兰的主席。在商界和体育界获得成功之后,他于 1994 年创建了意大利力量党,开始投入政坛竞争。意大利力量党与以往的政党模式均有不同。霍普金和保卢奇把意大利力量党称为公司企业型政党①。贝卢斯科尼在意大利政坛合纵连横,不仅完成了五年任期,也是执政时间最长的意大利总理。

意大利政党政治有左右两大阵营:中左阵营和中右阵营。中右阵营以意大利力量党为主,联合其他一些政党。中左阵营以民主党为主,联合其他一些小党。国家层面的主要政党包括北方联盟(Northen League)、五星运动党(Five Star Movement)、民主党(Democratic Party)、意大利兄弟党(Brothers of Italy)和意大利力量党。近年来,意大利政党格局发生的最大变化是五星运动党快速崛起为与左右两大阵营能够分庭抗礼的政党。五星运动党成立于 2009 年,在意大利政党格局中成为黑马是在 2013 年的大选中。它在大选中成为得票率第一高的政党,而且拒绝与其他传统势力合作。在 2018 年的大选中,该党更进一步成为国会第一大党。一个成立时间不长的小党能够快速在左右两大阵营对立的意大利崛起是一件不可思议的事情。五星运动党有自己的独特之处,它奉行民粹主义、疑欧主义、环保主义,它支持直接民主,并且一直用网络践行直接民主。它的早期创始人是意大利著名的喜剧演员贝佩·格里洛(Beppe Grillo),而现在的领导人是更为年轻的政治家路易吉·迪马约(Luigi Di Maio)。意大利的

---

① Jonathan Hopkin and Caterina Paolucci, "The Business Firm Model of Party Organisation: Cases from Spain and Italy", *European Journal of Political Research*, 1999, 35(3), pp.307-339.

政党政治一向以多变著称,五星运动党能否长期稳定执政,意大利的政局能否稳定下来,一切还有待观察。

二、希腊

希腊是有着悠久历史的南欧国家,古希腊的发达直接为西方文明提供了底蕴。希腊是多党制国家,但是在2012年之前,政党政治主要围绕着两个大党展开。而2012年之后,旧的两党格局被打破,多党制色彩更加浓厚。在2012年之前,希腊政坛的两个主要政党是新民主党(New Democracy)和泛希腊社会主义运动(Panhellenic Socialist Movement)。新民主党成立于1974年,它支持加入欧盟,是中间偏右政党。泛希腊社会主义运动也成立于1974年,是中间偏左的政党。两个政党分别占据了意识形态的两端,共同主导了希腊的政党政治。

希腊政党格局发生转变的导火索是希腊的债务危机。2009年,希腊政府披露了本国的财政状况,因为财务状况恶化,多家国际评级机构调低了希腊的主权信用评级。主权信用评级降低的后果就是希腊政府融资的成本上升,因此政府不得不一方面向西方大国寻求资金,另一方面在国内实行财政紧缩政策。几十年的"好日子"突然到了头,希腊国民自然不买账,因此国内抗议不断,政局开始变得混乱。当时的执政党是泛希腊社会主义运动,民众把对执政党的不满转化为选举的惩罚,直接导致泛希腊社会主义运动在大选中溃败。在这场危机之中,激进左翼联盟(Coalition of the Radical left)在议会中赢得了更多的席位。激进左翼联盟成立于2004年,是若干左翼小党的联合体。在2012年大选之前,它获得的最多议会席位才14个,但是在2012年达到了72个。2015年,该党更进一步成为第一大党成功组阁。与此同时,极右翼政党金色黎明(Golden Dawn)快速崛起。金色黎明成立于1993年,奉行极端主义立场,被媒体视为新纳粹主义。该党在2012年之前从未在议会中赢得过任何席位,而在2015年的大选中却赢得了18席。

三、西班牙

西班牙是多党制国家,国家层面和地区层面都有很多政党活动。国家层面的大党主要包括:西班牙工人社会党(Spanish Socialist Workers' Party)、人民党(People's Party)、联合我们能(United We Can)和公民党(Citizens)等。工人社会党成立于1879年,是西班牙历史最悠久的政党,也是一个主要的左翼政党。人民党成立于1989年,是中间偏右的保守主义政党,原名是人民联盟。联合我们能是一个左翼政党的联盟,成立于2016年。公民党成立于2006年,从加泰罗尼亚发展起来,当时的主要目标是反对加泰罗尼亚独立。公民党发展迅猛,在2019年议会大选中是仅次于工人社会党和人民党的议会第三大党。

四、葡萄牙

葡萄牙是多党制国家,但是国家大选往往被两个主要政党左右。第一个政党是社会民主党(Social Democratic Party),第二个政党是社会党(Socialist Party)。社会民主党成立于1974年,是在康乃馨革命之后建立的,是中间偏右的政党,支持自由保守主义。而社会党成立于1973年,是在葡萄牙康乃馨革命前建立的,支持社会民主主义,是中间偏左的政党。两党从20世纪70年代开始轮流执政至今,没有发生大的格局变化,也没有出现新兴的政党能够挑战两大党的地位。

第四节 中、东欧政党政治的地区情势

一、俄罗斯

俄罗斯是当今世界上的政治和军事强国,是金砖国家成员。它的前身苏联更是曾经能够与美国分庭抗礼的超级大国。在苏联时期,国家只有一个政党,那就是执政党苏联共产党。而在苏联解体之后,俄罗斯开始实行多党制。在经历了20世纪90年代的混乱之后,俄罗斯的政党政治表现为一党独大体制[①]。支持总统普京的统一俄罗斯党是21世纪以来俄罗斯的执政党和第一大党,其他政党根本无法挑战普京和统一俄罗斯党的执政地位。统一俄罗斯党成立于2001年,是几个政党合并在一起形成的。统一俄罗斯党并没有鲜明的意识形态主张,更多的时候是坚定地支持克里姆林宫的各种政策。其他主要政党包括正义俄罗斯党(A Just Russia)、俄罗斯自由民主党(Liberal Democratic Party of Russia)和俄罗斯共产党(Communist Party of the Russian Federation)等。正义俄罗斯党成立于2006年,也是多个政党合并在一起形成的。

---

① Vladimir Gel'man, "Party Politics in Russia: From Competition to Hierarchy", *Europe-Asia Studies*, 2008, 60(6), pp.913-930.

在很多时候,该党也是支持克里姆林宫的。自由民主党成立于1992年,该党虽然在名称上表明了自由和民主,但是两者都不是它的主要意识形态思想。在实际中,该党是民族主义色彩强烈的政党。俄罗斯政坛真正意义上的反对党是俄罗斯共产党。俄罗斯共产党是苏联垮台之后苏联共产党的继承人,正式成立于1993年。该党至今仍然坚持共产主义的政策立场,支持国有化,反对私有化。在统一俄罗斯党一党独大之后,俄罗斯共产党一直是国家杜马(俄罗斯议会)中的第二大党,也是最主要的反对党。俄罗斯政党政治的走向主要取决于政治领导人,只要普京继续担任俄罗斯的实际领导人,当前的政党格局就基本上不会发生改变。

二、波兰

波兰是中东欧地区的大国,政党政治的历史也很悠久①。在19世纪,波兰国内就有多个政党开展活动。在东欧剧变的过程中,波兰国内第一个出现了反对执政党的工会组织——团结工会。在苏联解体和东欧剧变之后,波兰的政党政治被团结工会和共产党的继承政党所左右。进入21世纪,波兰的政党版图发生了剧烈的变化。国家层面的两个大党变成了法律与正义党(Law and Justice Party)和公民纲领党(Civil

---

① 波兰政党政治是西方学界长期关注的一个重要案例,参见 Tim Bale and Aleks Szczerbiak, "Why is There No Christian Democracy in Poland—and Why Should We Care?", *Party Politics*, 2008, 14(4), pp.479-500; Radosław Markowski and Joshua Tucker, "Euroscepticism and the Emergence of Political Parties in Poland", *Party Politics*, 2010, 16(4), pp.523-548。

Platform)。法律与正义党成立于 2001 年,是右翼保守主义政党。公民纲领党也成立于 2001 年,在意识形态方面与法律和正义党相似。在 2015 年的大选中,法律与正义党击败了公民纲领党,获得了执政权。

三、保加利亚

保加利亚是多党制国家,国内政党很难单独上台执政。国家层面的大党包括:保加利亚社会党(Bulgarian Socialist Party)、争取欧洲进步公民党(GERB)和争取权利和自由运动(Movement for Rights and Freedoms)等。保加利亚社会党是保加利亚共产党的继承党,它在党员人数上是保加利亚第一大党,但是在议会席位上少于争取欧洲进步公民党。争取欧洲进步公民党成立于 2006 年,采取亲欧洲主义的立场,自成立以来多次组成联合政府上台执政。争取权利和自由运动成立于 1990 年,主要代表保加利亚的少数民族(土耳其人和穆斯林族群)的利益。

四、乌克兰

乌克兰是多党制国家,国内政党众多。乌克兰政党政治的突出特点是个人化,即个别政治领导人对政党兴衰的影响很大。国家层面的主要政党有波罗申科集团联盟(Blok Petra Poroshenka)、人民阵线(People's Front)和反对联盟(Opposition Bloc)。波罗申科集团联盟的雏形是 2000 年乌克兰议会中的团结党团,一直是为波罗申科服务的政治组织。在该党的支持下,波罗申科曾经在 2014—2019 年担任乌克兰总理。人民阵线成立于 2014 年,奉行亲欧盟的政策。反对联盟成立于2010年,是地区党(Party of Regions)的继承者。

乌克兰曾经号称欧洲的粮仓,在苏联时期是重工业基地,经济发展水平较高。但是苏联解体和东欧剧变之后,乌克兰经济急转直下,人民生活水平不断下降。近年来,乌克兰在西方和俄罗斯之间反复摇摆、立场不定,加剧了国内民众的对立和不满。克里米亚危机的爆发更是将俄乌关系推向了更加紧张的地步。2019年,在乌克兰总统选举中,奉行亲西方的波罗申科大选失败,击败他的竟然是一位毫无政治经验的曾经是喜剧演员的弗拉基米尔·泽连斯基(Volodymyr Zelensky)。新总统会将乌克兰带向哪里,这个国家又将如何在西方和俄罗斯之间探索自己的生存之道,我们拭目以待。

五、捷克

捷克是多党制国家,国家层面有多个政党活动。主要政党包括:是的2011(ANO 2011)、公民民主党(Civic Democratic Party)、海盗党(Czech Pirate Party)、自由和直接民主党(Freedom and Direct Democracy)和捷克和摩拉维亚共产党(Communist Party of Bohemia and Moravia)等。是的2011(ANO 2011)从名称来看就是一个有特色的政党,该党前身是不满意公民的行动运动(Action of Dissatisfied Citizens),由捷克亿万富翁巴比什在2012年正式创立为政党。该党是民粹主义政党,政党成员不多,具有公司企业型政党的特点。是的2011尽管建立时间较短,但是发展迅猛——在2013年的大选中就成为议会第二大党,进入联盟政府;在2017年的大选中跃居为第一大党,获得了议会组阁的权利。捷克第二富豪巴比什也因此如愿成为国家总理。公民民主党成立于1991年,是中间偏右的政党。该党从成立之后,曾经多次组成联盟政府上台执政,目前是在野党。海盗党成立于2009年,该党关注版权问题、反腐问题、政府透明问题等。海盗党在2010年和2013年的两次大选中毫无建树,但是在2017年大选中一举成为第三大党。自由和直接民主党成立于2015年,是极端反欧盟主义政党,反对移民,支持直接民主。该党与法国的极右翼政党国民阵线和荷兰的自由党联系紧密,积极在欧洲议会层面构筑极右翼政党网络。捷克和摩拉维亚共产党是从原捷克共产党发展而来的,是共产主义左翼政党,主要在议会中担任反对党角色。是的2011的迅猛发展说明捷克政党政治并没有形成高度的制度化,资本的力量加上民粹主义的精英能够短时间内改变国内的政党格局。

六、斯洛伐克

斯洛伐克是多党制国家。国家层面的大党包括:社会民主-方向党(Direction-Social Democracy)、自由和团结党(Freedom and Solidarity)、普通公民和独立个人组织(Ordinary People and Independent Personalities)和斯洛伐克民族党(Slovak National Party)等。社会民主-方向党于1999年由罗伯特·菲佐(Robert Fico)创立并领导。菲佐曾经两度出任斯洛伐克政府总理。社会民主-方向党目前是国会第一大党,属于中间偏左的政党。自由和团结党成立于2009年,奉行疑欧主义,属于中间偏右的政党。普通公民和独立个人组织成立于2011年,是保守主义和民粹主义政党,对欧盟持亲近政策。斯洛伐克民族党成立于1989年,一直具有民族主义和保守主义色彩,该党从未赢得过议会中的组阁主导权,主要通过加入其他政党联盟上台。斯洛伐克的政党格局在短时间内将不会发生重大变化,多党联合执政的模式将持续。

七、匈牙利

匈牙利在20世纪90年代独立之后是两党主导制国家,现在逐渐演变为一党独大的多党制国家,国家层面有四个主要大党:青年民主主义者联盟-匈牙利公民联盟(Fidesz-Hungarian Civic Alliance)、为了更好的匈牙利运动(Movement for a Better Hungary)、匈牙利社会党(Hungarian Socialist Party)和基督教民主人民党(Christian Democratic People's Party)。青年民主主义者联盟简称"青民盟",成立于1988年,是由青年学生和知识分子组成的政党。2010年是该党发展历程中的转折点,2010年大选过后,该党一直在基督教民主人民党的帮助下执政。基督教民主人民党成立于1944年,是一个右翼保守政党。为了更好的匈牙利运动成立于2003年,在建党之初具有比较极端的民族正义色彩,近年来该党修改了自己的政策主张,变得不再激进。匈牙利社会党成立于1989年,是匈牙利前社会工人党垮台之后的继承党。作为一个左翼政党,该党与青年民主主义者联盟在2010年前是针锋相对的两大政党。社会党在2010年之后表现疲软,已经失去了执政的机会。

八、罗马尼亚

罗马尼亚在苏联解体之后形成了多党制的政党体制。进入21世纪以来,在国家层面竞争的政党数量开始减少,最终形成了比较稳定的政党格局。其中,国家层面的最主要的政党是长期执政的罗马尼亚社会民主党(Social Democratic Party)。该党成立于2001年,之后多次利用自己议会第一大党的身份与其他政党结成政党联盟来执政。议会中其他主要政党包括:国家自由党(National Liberal Party)、拯救罗马尼亚联盟(Save Romania Union)等。国家自由党的前身可以追溯到1875年成立的国家自由党。今天的国家自由党成立于1990年,自称是要继承19世纪国家自由党的遗产。该党是议会中的第二大党,是主要的反对党。拯救罗马尼亚联盟正式成立于2006年,主要以反腐败作为本党的政策亮点。腐败问题是罗马尼亚的一个主要政治问题,社会不满情绪很严重,这也是对执政党的一个主要考验。目前来看,社会民主党的执政地位依然比较稳固,短时间内很难有其他政党能够击败社会民主党的执政联盟。

九、阿尔巴尼亚

阿尔巴尼亚是多党制国家,国家层面有两个主要大党:阿尔巴尼亚社会党(Socialist Party of Albania)和阿尔巴尼亚民主党(Democratic Party of Albania)。社会党是成立于1991年的左翼政党,由阿尔巴尼亚原劳动党改组而成。右翼的政党是民主党,成立于1990年。进入21世纪,社会党与民主党轮流上台执政。在2017年的大选中,社会党的议席数超过了半数,获得了单独组阁的权力。阿尔巴尼亚的其他主要政党有争取一体化社会运动(Socialist Movement for Integration)。该党由伊利尔·梅塔(Ilir Meta)创立于2004年。梅塔是社会党的成员,因为与社会党的领导人发生冲突而离开了社会党,他于2017年7月就职阿尔巴尼亚总统,任期5年。

十、斯洛文尼亚

斯洛文尼亚从南斯拉夫脱离出来成为独立国家之后,多党制的政党体制开始形成。进入21世纪,斯洛文尼亚政坛依然是各个政党之间合纵连横,没有出现一党独大的态势,每个政党都需要组建政党联盟方能上台。国家层面的主要大党有四个:马尔坚·沙雷茨名单党(List of Marjan Sarec)、斯洛文尼亚民主党(Slovenia Democratic Party)、社会民主党(Social Democrats)和现代中间党(Modern Centre Party)。马尔坚·沙雷茨名单党成立于2014年,因为现任斯洛文尼亚总理即是沙雷茨,所以这个政党就是支持他的政党。当前,马尔坚·沙雷茨名单党与其他政党组成执政联盟,是斯洛文尼亚的执政党。民主党成立于1989年,是中间偏右的政党,目前是国会第一大在野党。社会民主党成立于1993年,是由多个政党合并而成,曾经的党名是社会民主党人联合名单,2005年之后启用现在的党名,该党多次加入政党联盟执政。现代中间党成立于2014年,原名叫米罗·采拉尔之党,是围绕着前总理米罗·采拉尔而组建的政党。现代中间党成立不久就在大选中获胜,并把米罗·采拉尔推上了总理宝座。从这些政党的发展情况来看,个别领袖对斯洛文尼亚的主要政党的影响非常大,这一点非常符合公司企业型政党的特点。

十一、克罗地亚

克罗地亚从苏联独立出来以后实行多党制,国内政党数量众多。在国家层面有两个主要政党:克罗地亚民主联盟

(Croatian Democratic Union)和社会民主党(Social Democratic Party of Croatia)。克罗地亚民主联盟成立于1989年,对推动克罗地亚独立和政治经济转型起到了巨大的推动作用。该党在多党制的克罗地亚一直是第一大党,其间只有短暂时间让位于社会民主党。克罗地亚社会民主党成立于1990年,是克罗地亚共产党的继承党。民主联盟和社会民主党目前在克罗地亚政坛的两强格局比较稳定,民主联盟是中间偏右的政党,而社会民主党是中间偏左的政党。

十二、塞尔维亚

塞尔维亚是多党制国家。国家层面的主要政党包括:塞尔维亚激进党(Serbian Radical Party)、塞尔维亚进步党(Serbian Progressive Party)和塞尔维亚社会党(Socialist Party of Serbia)等。塞尔维亚激进党成立于1991年,该党是支持民族主义的右翼政党,对欧盟也是持怀疑态度。塞尔维亚进步党成立于2008年,是激进党分裂出来的政党,它采取亲近欧洲的立场,目前是议会第一大党。社会党的前身是塞尔维亚共产党。在1990年成立之后,该党也在强化自己的民族主义色彩。

十三、立陶宛

立陶宛是多党制国家,国内政党众多,单一政党很难单独上台执政。国家层面的主要大党有:立陶宛农民和绿党联盟(Lithuanian Farmers and Greens Union)、祖国联盟(Homeland Union)、社会民主党(Social Democratic Party of Lithuania)和工党(Labor Party)等。立陶宛农民和绿党联盟是当前议会中的第一大党,它成立于2001年,是一个代表农业和农民利益的政党。该党在成为执政联盟中的一员之前是反对党,而且在议会中的席位非常少。在2012年的大选中,农民和绿党联盟只有一个议会席位。该党给我们留下的最大教训就是,频繁修改党名会导致本党形象和知名度受损。祖国联盟成立于1993年,是立陶宛中间偏右的政党。社会民主党成立于1896年,是立陶宛历史最悠久的现存政党,该党几经沉浮,还曾在议会中组建过少数政府。工党成立于2003年,是中间偏左的政党,它在21世纪的议会表现只能用过山车来形容。在2004年的大选中,它的议会席位是最多的;但是在2008年大选中却失去了大量的席位;而在2012年的大选中,工党又获得了大量的席位;但是2016年的大选再次失去大量席位。

十四、黑山

黑山虽然在1990年之后实行多党制,但是国内第一大党一直是社会主义者民主党(Democratic Party of Socialists)。该党一直在议会中联合其他政党组成执政联盟,掌握国家政权。进入21世纪,该党在议会中的席位一直在32个左右,虽然迟迟不能满足议会半数席位,但是其他政党也没有能力挑战社会主义者民主党的一党独大地位。

十五、摩尔多瓦

摩尔多瓦是现在欧洲最为贫穷的国家之一。该国实行多党制,但是国家层面有两个主要大党。第一个政党是摩尔多瓦民主党(Democratic Party of Moldova),成立于1997年,亲近西方国家。第二个主要政党是社会主义者党(Party of Socialists),也成立于1997年,奉行对俄友好政策。摩尔多瓦因为经济形势不好,人民生活困苦,导致政局一度不稳。对于国家的发展方向,民主党和社会主义者党的路径是完全不同的。是向东亲俄罗斯还是向西亲欧盟在摩尔多瓦还没有形成共识,这个国家的社会缝隙导致当前的民主党与社会主义者党对峙格局仍会持续一段时间。

第十章　美洲政党政治的地区情势

本章将美洲地区的政党政治发展趋势分为北美地区、中美洲地区和南美洲地区来讨论。总体来讲,在北美地区,美国政党政治情况复杂,内容丰富,受关注度高,而加拿大政党政治则相对来讲平淡很多。中美洲地区除了墨西哥,其他都是小国家,政党政治的关注度也比较低,但是墨西哥的政党政治发展值得关注。在南美洲,各个国家的政党非常活跃,政党存在和发展带来的一系列问题也值得我们关注和研究。当前我们特别需要关注的是南美政党有大规模向右转的趋势,这将对该地区的内政外交带来重要影响。

第一节　北美政党政治的地区情势

一、美国

美国是现代政党政治的诞生地之一,不理解美国的政党就无法理解这个国家的政治生活。在20世纪,美国政党政治实践的丰富发展带动了政治学的发展和繁荣。一大批耳熟能详的经典著作就是以美国的政党政治生活作为研究素材的。

本部分的重点不是回顾美国政党政治的历史,而是对21

世纪的政党政治发展现状和趋势进行分析。随着东欧剧变和冷战的结束,美国成为世界上的唯一超级大国。然而正当美国享受着超级大国的光荣之际,"9·11"恐怖袭击的发生沉重打击了美国的安全感。美国政治生态因此在进入21世纪之后发生了一系列变化。而这些变化对美国的政党政治发展产生了重要的影响。

第一个值得关注的政党政治新变化就是两党争斗极端化。美国是一个典型的两党制国家。共和党和民主党在历史上就是争斗不休,政党之间的竞争本来是不可避免的,但是这种竞争必须是良性的、有序的、可控的。无序的或者混乱的党争必然会像美国国父们所担心的那样,把美国带到错误的发展轨迹中去。随着2008年美国大选的结束和首位黑人总统奥巴马的上台,美国政党政治进入了一个新的阶段。共和党控制的国会对民主党的奥巴马政府百般掣肘,两党关系的恶化导致了联邦政府多次关门。而在奥巴马任期结束之后,美国的总统职位被一位从来没有任何从政经历的地产商特朗普占据。他上任之后的第一件事就是推翻其前任奥巴马的执政遗产。新总统不满意离任总统政策的情况在美国并不少见,但是特朗普对奥巴马执政遗产的否定并不完全是出于政策原因。他带有很强的个人情绪,是针对奥巴马本人的否定。

美国著名学者弗朗西斯·福山把美国当前的两党争斗体制称为否决体制。否决体制是指共和党和民主党反对对方的政策倡议不是因为政策的好坏,而是单纯为了反对而反对。当前的美国党争一方面反映了美国政治精英对国家发展方向的极端焦虑,另一方面也体现了美国政治发展存在衰败的风险。

美国政党政治的第二个重要变化是两党意识形态的极端

化。随着茶党(Tea Party)在2008年金融危机之后的快速崛起,共和党感受到了它的压力而进一步向右转。作为回应,美国的民主党在进一步向左转变。美国两大政党在意识形态光谱上的巨大差异几乎达到了历史上的一个峰值。今天的美国民主党在维护少数群体利益方面做得有些极端,比如支持教育配额的种族分配。而今天的美国共和党在控枪问题和边境移民问题上也采取了极端的立场。过于极端的两党也在为自身的变化付出代价。两党的政治认同在进一步降低,投票率在下降,美国民众对民主的认同感也受到了影响。因此,在2016年美国大选中,美国民众面对共和党的候选人特朗普和民主党的候选人希拉里,他们考虑的不是谁是更好的领导人,而是谁比对方更烂。美国两大政党意识形态的巨大分野对美国社会也产生了很大影响。今天的美国比历史上任何时期都显得更加分裂。支持特朗普的人和不支持特朗普的人经常发生冲突。保守主义者和自由主义者的斗争也是络绎不绝。

第三个值得关注的变化是特朗普主义对美国政党政治的影响。特朗普的商人作风和霸道行事方式引起了美国内外很多人的关注。特朗普把总统的各方面的权力都用到了极致,也充分利用各种机会使用了自己的权力。现在总统权势有压过国会的势头。比如,在"通俄门"调查结束之后,司法部长威廉·巴(William Barr)拒绝配合国会发布调查全文,不惧藐视国会的威胁。这背后完全是因为特朗普为司法部长撑腰。特朗普的当选和所作所为对美国政党政治的方方面面都产生了巨大的影响。在民主党方面,2020年的民主党初选人数激增,很多民主党人都摩拳擦掌,希望自己能够代表民主党击败特朗普。与此同时,特朗普的当选也鼓励了各种机会主义的兴起。很多民主党人认为,如果特朗普能够当选总统,他们为何不能。在共和党内,党内精英受到特朗普的影响,越发觉得只有变得更加激进和极端,才能为自己创造机会。因为美国经济在特朗普上台以来一直表现不错,股市表现也比较亮眼,因此特朗普在2020年大选获胜的可能性比较高。如果民主党无法挑选出一位能够强有力的对手击败特朗普,那么特朗普将会进一步推动美国政党的极端化趋势。与此同时,美国民主党内的新生代议员也可能与党内上层产生更大的隔阂,导致民主党内部发生分裂。

二、加拿大

加拿大与美国是邻邦,两国在政治方面具有很多相似之处。加拿大也是两党制国家,两个主流政党分别是(进步)保守党和自由党。与此同时,加拿大政党政治也有自己的特色。例如,加拿大政坛一直有官方反对党(Her Majesty's Loyal Opposition)的传统。议会内的第二大党往往会担任官方反对党一职。这一点与英国的政党传统比较类似。此外,加拿大政坛中一直都有比较有实力的政党在议会中活动。比如,20世纪初期的进步党(Progressive Party)和统一农民运动(United Farmers Movement)都在议会中有比较大的影响力。

进入21世纪以来,加拿大联邦政府依然是在两个主流大党之间进行轮换。自由党的十几年执政在2006年败选之后终结,保守党开始执政。在自由党执政后期和保守党执政初期,他们组建的都是少数政府。这说明,两党之间的实力并没有很大的差别。但是在2011年大选之后,多数政府成了政府的主要形式。这表明两党的实力在短时间内波动比较大,选民的支持倾向也不是非常牢固。考虑到加拿大全国人口一共才3 700多万,而且加拿大实现单一选区竞选制度,因此其他政党还是没有机会挑战保守党和自由党的执政地位。

尽管加拿大的联邦政府是被两个大党轮流执政,但是其他政党也非常活跃。如追求加拿大魁北克省独立的魁北克集团(Bloc Québécois)在联邦大选中几经沉浮,一直保持自己的政党韧性。在21世纪初,魁北克集团一直以第三大党的姿态在议会中活动。在过去几年,另外一个表现抢眼的政党是新民主党(New Democratic Party)。加拿大的新民主党成立于1961年,比魁北克集团的历史还要悠久。但是在加拿大下议院,新民主党的实力却不及魁北克集团。该党的命运在2011年发生了巨大的反转。在新民主党领袖杰克·林顿(Jack Layton)的领导下,该党在2011年加拿大联邦大选中破天荒地获得了第二多的议席,一举成为加拿大的官方反对党。尽管在四年后的联邦大选中,新民主党失去了议会第二大党的地位,但是它的强势崛起还是为加拿大平淡的政坛带来了一些不一样的元素。在未来的发展中,魁北克集团的实力可能会继续弱于新民主党,而新民主党尽管还是没有较大概率成为执政党,却会愈加成为加拿大政党政治中的重要一极。

第二节 中美洲政党政治的地区情势

一、墨西哥

今天的墨西哥是一个多党制国家。在20世纪的大部分

第十章 美洲政党政治的地区情势

时间中,墨西哥的执政党是制度革命党(Institutional Revolutionary Party)。制度革命党成立于1929年,是负责维护墨西哥革命成果的政党组织,从1929年长期执政直到2000年才因选举失败下台。此外,墨西哥的其他大党主要如下。国家行动党(National Action Party)是墨西哥的一个保守主义政党。该党成立于1939年,在2000年击败制度革命党,它的总统候选人比森特·福克斯(Vicente Fox)和费利佩·卡尔德龙(Felipe Calderon)分别担任过墨西哥总统。目前,该党是议会中的第二大党。第三个主要政党是民主革命党(Party of the Democratic Revolution)。该党成立于1989年,从未染指过墨西哥总统宝座。第四个政党是国家复兴运动党(National Regeneration Movement)。相对于制度革命党和国际行动党,国家复兴运动党是非常年轻的政党,它成立于2011年,但却发展迅速。

墨西哥的政党政治研究引起了国内外的广泛关注。其中最重要的原因是在20世纪,制度革命党实现了长达71年的连续执政,在世界政党史上留下了浓重的一笔。学术界有很多研究分析了制度革命党长期执政的原因。美国政治学者肯尼斯·格林(Kenneth Greene)认为,制度革命党成功地把公共资源转化为自己的庇护资源,从而使反对党始终无法掌握足够的资源进行选举竞争。这就导致墨西哥的选举一直是不利于反对派的[①]。制度革命党的长期执政终结于2000年,从

---

① Kenneth Greene, *Why Dominant Parties Lose: Mexico's Democratization in Comparative Perspective*, Cambridge University Press, 2007.

此墨西哥进入多党制时代。

进入21世纪,国家行动党和制度革命党都曾先后赢得总统大选。在2018年的国家大选中,年轻的国家复兴运动党表现抢眼,其总统候选人洛佩斯(Andrés Manuel López Obrador)以超过50%的得票率当选。国家复兴运动党组建的我们一起创造历史联盟(Together We Will Make History)也在国会中占据多数地位,取得议会主导权。目前,制度革命党在议会中处于第三位,政治实力削减明显。

二、危地马拉

危地马拉是中美洲的一个小国,历史悠久,但是发展道路非常曲折。在20世纪后半期爆发的内战夺走了几十万人的生命,导致上百万人流离失所。这个国家的政治发展转折点发生在1996年。当时的内战双方签订了一份和平协议,开启了这个国家发展的新纪元。

因为民主政治的历史比较短,加上危地马拉是一个多党制国家,所以该国的政党非常不稳定。在议会中占据议席较多的政党包括革新民主自由党、国家融合阵线和爱国党等。这些政党的发展前景并不十分明朗。一个大选周期内的强势发展并不能保证下一个周期的发展。许多党派在一个执政周期之后甚至完全解散了。此外,我们需要注意非政党组织对政党政治的影响。其一,危地马拉历史上受到国际大公司(如美国的联合水果公司)的控制,所以今天依然能够看到企业对政党活动的影响。另外一个比较有实力的政治组织是军队。有些政党是由退役军人组建的,代表了军方的利益和诉求。在未来,军队和企业对政党影响将继续存在,危地马拉的政党政治稳定发展还有很长的一段路要走。

三、洪都拉斯

洪都拉斯的政党政治发端较早。在19世纪就已经有政党开始建立和参与政治。今天的洪都拉斯政坛有三个主要政党：民族党（National Party of Honduras，又被称为"蓝党"）、自由党（Liberal Party of Honduras，又被称为"红党"）以及自由和重建党（Liberty and Refoundation）。洪都拉斯民族党成立于1902年，洪都拉斯自由党成立于1891年，自由和重建党成立于2011年。因为民族党和自由党的成立历史悠久，且长期占据政府的重要职务，所以一定程度上讲，洪都拉斯是两党制国家。进入21世纪，民族党处于一家独大的局面，多次在国家大选中获胜，而自由党和其他政党则只能成为在野党或者反对党。

洪都拉斯的民主政治在2009年遭遇了宪政危机。2005年，何塞·塞拉亚（José Zelaya）代表自由党参选成功并当选洪都拉斯总统。在其执政期间，他的一些内政外交政策遭到了国内保守派势力的反对。在2009年，塞拉亚计划举行全民公投来建议总统可以连任，但是这个修宪倡议遭到了军方、反对派和其他保守势力的强烈反对。最终，军事政变爆发，塞拉亚被驱逐出境。这起军事政变对洪都拉斯的政治生活产生了复杂的影响。一方面，军人干政会导致未来的政党政治充满新的不确定性；另一方面，反对2009年政变的组织和个人在前总统塞拉亚的领导下组建了自由和重建党。目前该党是议会第二大党。洪都拉斯的政党活动一直存在暴力因素。不管是议会中的大党还是小党，他们的政党活动有些时候会受到暴力威胁。这不利于洪都拉斯政党政治的平稳健康发展。

四、萨尔瓦多

萨尔瓦多是中美洲唯一不连接大西洋的国家。它也是中美洲诸国中最小的一个国家。虽然萨尔瓦多是一个多党制国家，但是在过去该国政坛是被两大政党（联盟）所主导。第一个政党是民族主义共和联盟（Nationalist Republican Alliance），该党成立于1981年，奉行保守主义，属于萨尔瓦多的右翼政党。第二个政党是法拉本多·马蒂民族解放阵线（Farabundo Martí National Liberation Front，简称"马蒂阵线"）。马蒂阵线成立于1980年10月，由五个政治组织融合而成。这五个组织是：人民革命军（People's Revolutionary Army）、全国抵抗（National Resistance）、民族解放马蒂人民力量（Farabundo Marti Liberation People's Forces）、萨尔瓦多共产党（Comunist Parts of EL Salvador）以及中美洲工人革命党（Revolutionary Party of the Central American Workers）。从这些组织的名字中就可以发现，马蒂阵线是一个左翼的政党。

1989—2009年，民族主义共和联盟的领导人一直担任总统一职。在2009年的大选中，马蒂阵线的总统候选人击败了对手，终结了民族主义共和联盟对总统职位长达20年的垄断。2014年，马蒂阵线的总统候选人萨尔瓦多·桑切斯·塞伦（Salvador Sánchez Cerén）赢得大选，再次确保了该党对总统一职的掌握。但是在2019年总统选举中，马蒂阵线的总统候选人惨败，总统一职旁落。有意思的是，赢得2019年大选的也不是另外一个大党民族主义共和联盟的候选人，而是一个新成立的政党民族团结大联盟(Grand Alliance for National Unity)的候选人。民族团结大联盟成立于 2010 年,它的创设成员大部分来自右翼政党民族主义共和联盟。值得注意的是,尽管民族团结大联盟在意识形态上偏右,但它在议会中却选择与左翼的马蒂阵线合作。

按照大选结束之后的政治安排,2019 年 6 月 1 日新总统会上台。新总统那伊布·布克莱(Nayib Bukele)是商人出身,虽然他也做过市长具有一定的从政经历,但是他是以反建制派的姿态参选。他一开始是左翼政党马蒂阵线的党员,在参加大选时的身份是民族团结大联盟的成员。需要注意的是,萨尔瓦多在 2018 年与我国建立外交关系。而那伊布·布克莱声称会对前任政府与中国建立外交关系进行调查。他的对内对外政策需要我们进一步关注和研究。

五、尼加拉瓜

尼加拉瓜是总统制国家,总统不仅是政府首脑也是国家元首。尼加拉瓜国民议会实行一院制,由 92 名议员组成,其中 90 名经由比例代表制选举产生,每届议会任期 5 年。议会中有两个主要大党,第一个是桑地诺民族解放阵线(Sandinista National Liberation Front),第二个是制宪自由党(Constitutionalist Liberal Party)。桑地诺民族解放阵线是尼加拉瓜的左翼政党,具有很强的社会主义意识形态色彩。该党在 20 世纪 70 年代推翻了索摩查的独裁统治,对政治经济社会很多方面进行了调整和改造。宪政自由党是尼加拉瓜的反对党,它的政治实力要比执政党弱很多。尼加拉瓜现任总统丹尼尔·奥尔特加·萨阿韦德拉(Daniel Ortega

Saavedra)来自桑地诺民族解放阵线。他曾经担任过尼加拉瓜的总统,在2006年之后又再次上台,直到今天一直担任总统一职。因为尼加拉瓜修改了宪法,允许总统可以连选连任,所以在未来,桑地诺民族解放阵线的执政地位和奥尔特加的地位都很难被撼动。

六、哥斯达黎加

哥斯达黎加是一个两党制国家。第一个重要的大党是基督教社会团结党(Social Christian Unity Party)。该党成立于1983年,由民主复兴党、民族共和党、基督教民主党和人民联盟党这几个小党组成。第二个主要政党是民族解放党(National Liberation Party),该党成立于1951年,曾经因为多次执政成长为哥斯达黎加的第一大党。在基督教社会团结党兴起之前,哥斯达黎加属于一党主导制的政治体制。而在20世纪末期逐渐发展为比较稳定的两党制国家。

进入21世纪,哥斯达黎加的政党体制有从两党制向多党制转变的趋势。2004—2005年,基督教社会团结党的几任领导人被爆出一系列腐败丑闻,导致该党在民众中的支持度受到了很大的影响。在这种情况下,公民行动党(Citizens' Action Party)抓住机会扩大了自己的影响力和民众支持度。公民行动党成立于2000年,它之所以能够抓住基督教社会团结党的丑闻实现自己的发展,主要在于这个党的核心指导思想就是要惩治腐败。公民行动党支持民众积极参与政治,相信这是实现国家发展和政治稳定的重要内容。尽管公民行动党在国会议席中不占多数,但是该党候选人赢得了总统大选,保持了本党积极发展的态势。这为哥斯达黎加向多党制进一步转变奠定了基础。

七、巴拿马

巴拿马是多党制国家,国会议席共有 71 个。在 20 世纪末结束独裁统治之后,巴拿马的主要政党有三个。第一个是巴拿马主义党(Panameñista Party),它成立于 1932 年,后期曾经多次修改党的名称。第二个是民主变革党(Democratic Change),其成立于 1998 年。第三个是民主革命党(Democratic Revolutionary Party),成立于 1979 年。民主革命党的总统候选人劳伦迪诺·科缇兹(Laurentino Cortizo)在 2019 年总统大选中胜出,将出任巴拿马总统。巴拿马已经实现了比较稳定的政党轮替,在未来的政党政治发展中也将是巴拿马主义党、民主革命党和民主变革党的"三国演义"。

八、古巴

古巴是一党制的社会主义国家,政党体制与越南相同。古巴共产党在意识形态方面坚持马克思列宁主义和计划经济,对市场经济改革持保守态度。古巴共产党的前领导人菲德尔·卡斯特罗在 2016 年去世后,他的弟弟劳尔·卡斯特罗担任中央委员会第一书记。因为美国对古巴的经济封锁,古巴经济一直发展缓慢,对外援的需求很大。苏联倒台之后,古巴失去了主要外援,对古巴共产党影响很大。之后,古巴寻求向拉美左翼政权寻求帮助。巴西的卢拉政府和委内瑞拉的查韦斯政府都曾对古巴提供过帮助。然而随着拉美在过去几年的向右转,古巴的外援获取面临新的挑战。加之卡斯特罗已经近 90 岁,在未来古巴共产党将进入"后卡斯特罗"时代。古巴共产党将如何带领古巴人民继续向前,值得我们进一步关注。

九、海地

海地是中美洲的一个小国,但是政党数量很多,是多党制国家。在20世纪,海地政治被军事独裁所占据,即使到了21世纪初还曾经发生过军事政变。现在议会中的大党主要包括光头党(Haitian Tèt Kale Party)和真相党(Truth Party)。在2016年的大选中,光头党获得了31个下议院席位,而真相党获得了17个席位。海地现任总统若弗内尔·莫伊兹(Jovenel Moise)来自光头党。海地经济发展落后,而且长期受到西方大国的外部干预,导致本国的政党政治发展一直未能实现制度化。这将长期困扰这个中美洲国家。

十、多米尼加

多米尼加共和国是多党制国家。这些政党中实力最强的是解放党(Liberation Party),又称"紫党"。多米尼加解放党成立于1973年,该党总统候选人多次赢得国家大选。另外一个主要政党是革命党(Revolutionary Party),成立于1939年,是多米尼加的老牌政党,又称"白党"。革命党在成立之后的政策立场属于中间偏左,但是进入21世纪以来,该党的意识形态逐渐向右转,成为一个右翼的政党。第三个主要政党是现代革命党(Modern Revolutionary Party)。现代革命党是从革命党中分裂出来的,成立于2014年。该党目前在议会中的席位仅次于解放党,多于革命党。多米尼加现在的执政党是解放党。解放党在众议院中的优势非常明显,现任总统达尼洛·梅迪纳（Danilo Medina）在 2016 年大选中连选连任。

十一、多米尼克

多米尼克曾经是多党制国家，现在是两党制国家。两个大党分别是多米尼克工党（Dominica Labour Party）和联合工人党（United Workers' Party）。多米尼克工党成立于 1955 年，是该国成立时间最早的政党。联合工人党成立于 1988 年，在 20 世纪曾有过成为执政党的经历。但是进入 21 世纪以来，工党在议会大选中一直保持了对联合工人党的压制。工党在 2000 年大选中获得了 21 个席位中的 10 席，在 2005 年大选中获得了 12 席，最多的一次是在 2009 年的大选中，获得了 18 席。多米尼克现任总统是工党领导人查尔斯·萨拉因（Charles Savarin）。

十二、伯利兹

伯利兹是英联邦国家，所以它的政治制度在很多方面与英国非常相似。

伯利兹是两党制国家。议会中的两个大党分别是人民联合党（People's United Party）和联合民主党（United Democratic Party）。人民联合党属于中间偏左翼的政党，而联合民主党属于中间偏右翼的政党。人民联合党成立于 1950 年，在 20 世纪多次赢得大选上台执政。联合民主党成立于 1973 年，它自进入 21 世纪以来表现抢眼，2008 年至今连续三次赢得大选。

第三节 南美洲政党政治的地区情势

一、委内瑞拉

委内瑞拉当前的政治危机已经引起了国际社会的广泛关注。我们有必要充分了解委内瑞拉政党发展的历史，以此更好地理解其今天的政坛危机。在20世纪建立文官政权之后，委内瑞拉的民主行动党和基督教社会党交替执政。因此在历史上，委内瑞拉是一个两党制国家。在20世纪末，政治强人乌戈·查韦斯（Hugo Chávez）利用自己的领导魅力迅速崛起，终于在1998年的大选中击败两大政党，成为委内瑞拉总统。后来，他所在的委内瑞拉联合社会主义党（United Socialist Party of Venezuela）一直在议会中占据主导地位，查韦斯本人也一直担任总统直到2013年去世。查韦斯本人在左翼领导人中以反美著称，联合社会主义党所奉行的意识形态是21世纪社会主义。在查韦斯执政的大部分时间，因为国际原油价格上涨，委内瑞拉的石油出口为国家赚取了大量资金，这些资金投入国内，很好地改善了老百姓的生活。

在查韦斯去世之后，马杜罗开始领导委内瑞拉。在2015年的议会选举中，联合社会主义党首次失去了议会中的绝对多数席位。民主团结圆桌（Democratic Unity Roundtable）作为一个政党联盟赢得了167席中的112个席位。民主团结圆桌成立于2008年，是反对查韦斯主义及其政党的政党联合体。目前这个反对党联盟中最大的政党是正义第一党

(Justice First)。造成当前委内瑞拉政治危机的胡安·瓜伊多(Juan Guaidó)来自民主团结圆桌中的人民意志党(Popular Will Party)。他于 2019 年 1 月自行宣誓就任委内瑞拉临时总统,因为委内瑞拉的现任总统马杜罗并没有下台,这就意味着一个国家出现了两个总统。国际社会面对瓜伊多对马杜罗的挑战,也产生了不同的声音。以美国为代表的一些国家表示支持瓜伊多,而以俄罗斯为代表的另一些国家则明确反对。面对着这样的宪政危机,马杜罗采取了很多果断的措施,即使面对美国的不断施压,也依然没有退缩。目前,委内瑞拉的宪政危机已经发酵数月,且丝毫没有缓解的意思,未来的走势也变得愈加不明朗。

二、哥伦比亚

哥伦比亚在历史上是两党制国家。在两党制时期,轮流执政的是哥伦比亚保守党(Colombian Conservative Party)和哥伦比亚自由党(Colombian Liberal Party)。保守党成立于 1849 年,自由党成立于 1848 年,两个政党的成立时间非常接近。1998 年,激进变革党(Radical Change)成立;2005 年,国家团结社会党(Social Party of National Unity)成立;2013 年,民主中心党(Democratic Center)成立。这些政党都是议会中举足轻重的政党,因此形成了多党制。在总统选举中,这些大党为了赢得选举,会选择与其他小党组成政党联盟。比如,民主中心党就与一些政党合作成立了为了哥伦比亚大联盟(Grand Alliance for Colombia)。目前为了哥伦比亚大联盟处于执政地位。哥伦比亚的腐败问题是社会的顽疾,对各个政党的消极影响很大。

三、巴西

巴西是南美洲的第一大国,是该区域经济实力最强的地区大国。巴西实行多党制,国内有多个重要政党。第一个大党是工人党(Workers's Party),成立于1980年,是一个左翼政党。工人党在21世纪中的大部分时间一直牢牢把控着巴西政坛,巴西前总统卢拉和罗塞夫都出自工人党。随着罗塞夫因为腐败丑闻被弹劾下台,工人党的形象受损,民众支持度下跌。这为其他政党发展提供了政治空间。像民主运动党(Brazilian Democratic Movement)、社会民主党(Social Democratic Party)、社会自由党(Social Liberal Party)纷纷扩大了自己在议会中的势力。民主运动党成立于1965年,是巴西军事独裁时期国内唯一允许存在的反对党。1985年军政府下台之后,民主运动党首度上台执政。在工人党总统罗塞夫被弹劾下台之后,民主运动党领导人米歇尔·特梅尔(Michel Temer)2016—2018年担任巴西总统。

巴西现任总统为来自社会自由党的雅伊尔·博尔索纳罗(Jair Bolsonaro)。社会自由党成立于1994年,在博尔索纳罗的领导下,该党成为一个右翼的保守主义政党。博尔索纳罗的上台需要引起我们特别的关注。首先,他的上台代表巴西政坛结束了十几年来的左翼潮流,开始向右转。在工人党执政期间,右翼政党始终很难赢得国家大选。然而腐败丑闻的爆发,国内经济的不景气,都打击了民众对左翼政权的信心。右翼政客的上台标志着巴西民众求变思维的出现。其次,博尔索纳罗个人的言行和政策使得他被称为"巴西的特朗普"。他口无遮拦,经常发表一些极富争议性的言论。他提倡政府减少对经济的干预,反对"巴黎气候协定",拥护持枪的权利。当然,选举前和选举之后,他的一些言行也有变化,我们需要进一步密切观察他的内政外交政策。最后,虽然工人党在议会中仍然是第一大党,但是目前的巴西下议院已经变得非常碎片化。社会自由党目前在国会中的议席数为第二位,与工人党的差距不大。这就意味着博尔索纳罗在需要国会合作的时候会面临很大的挑战。特别需要注意的是,博尔索纳罗在参选的过程中曾经发出过对华不友好的声音。在巴西左翼政权时期,中巴关系发展迅猛,中国已经取代美国成为巴西最大的贸易伙伴。中巴关系在博尔索纳罗时代何去何从,需要我们密切关注。

四、厄瓜多尔

厄瓜多尔是多党制国家,没有一个政党能够以一己之力上台执政。当前的议会第一大党是主权祖国联盟运动(Morimiento Alianza PAIS)。该党由多个左翼小党合并而成,奉行民主社会主义的政策。目前该党是厄瓜多尔执政党,该党的总统候选人连续在 2006 年、2009 年、2013 年和 2017 年的总统大选中获胜。议会中的主要反对党是创造机会党(Creating Opportunities)。创造机会党成立于 2012 年,是厄瓜多尔政坛中比较右倾的政党。该党与其他小党组成反对党联盟,多次在大选中挑战主权祖国联盟运动,但至今还未成功过。

五、秘鲁

秘鲁是南美洲的一个多党制国家,单一政党很难赢得总统大选和国会选举。在 2006 年的国家大选中,美洲人民革命联盟(American Popular Revolutionary Alliance)的总统候选人赢得大选。而在2011年的国家大选中,以秘鲁民主党为核心的秘鲁胜利联盟(Peru Wins)的总统候选人赢得了大选。在2016年大选中,"为了变革的秘鲁人"党(Peruvians for Change)候选人库琴斯基以非常微弱的优势击败了人民力量党(Popular Force)的总统候选人藤森惠子。藤森惠子是秘鲁前总统滕森的女儿,2018年因涉嫌洗钱被警方逮捕,后被判刑三年。秘鲁的政党政治变动很大,滕森派势力在不断变小,各个政党会在大选年进行新的结盟。

六、玻利维亚

玻利维亚是多党制国家。在1982年恢复民主制度以来,单一政党很难赢得大选上台执政。更多的时候是政党组成联盟赢得政权。进入21世纪,这一政党状况被打破。争取社会主义运动(Movement for Socialism)从2005年上台以来一直是执政党,致使现在玻利维亚更像是一个一党主导制国家。争取社会主义运动成立于1998年,是以农民和工人为基础的左翼政党。争取社会主义运动的领导人埃沃·莫拉莱斯(Evo Morales)从2006年以来一直担任玻利维亚的总统。莫拉莱斯是本地土著人出身,家庭贫寒,投身政治之后致力于改善本国人民的生活。他反对西方大公司对玻利维亚的掠夺,主张加强南美地区一体化。他与委内瑞拉前总统查韦斯和巴西前总统卢拉都是拉美左翼阵营的领导者。

七、智利

智利是南美洲的多党制国家,政党普遍被划分为左右两大阵营。中右翼阵营现在被称为智利前进（Let's Go Chile），它成立于 2015 年。之前智利前进被称为变革联盟和联盟党。这个阵营主要包括国家复兴党（National Renewal）和独立民主联盟（Independent Democratic Union）等党派。国家复兴党成立于 1987 年，自由民主联盟成立于 1983 年。中左翼阵营被称为新多数派联盟（New Majority），在 2013—2018 年是主要政治势力之一。这个阵营包括社会党（Socialist Party）、争取民主党（Party for Democracy）、社会民主激进党（Social Democrat Radical Party）。社会党成立于 1933 年，曾经多次赢得总统大选，最近的一次是 2014 年的大选。智利现任总统是塞巴斯蒂安·皮涅拉（Sebastián Piñera），他是国家复兴党成员。他在 2010—2014 年曾当选智利总统，也是智利过去 20 多年来的第一位右翼总统。在拉美政坛整体向右转的态势下，中右翼阵营在未来的政党竞争中可能会继续保持优势。

八、阿根廷

阿根廷是南美洲的大国，实行多党制。理解阿根廷的政党政治，最重要的关键词就是庇隆主义。胡安·庇隆（Juan Perón）军人出身，后来参与军事政变成功担任政府要职，在 20 世纪 40 年代成立工党（正义党的前身）并参与大选，在 1946 年当选为阿根廷总统。庇隆的执政重点是维护工人和底层民众的利益，他采取了很多有利于工人的措施，没收了外国公司在阿根廷的资产，推进国有化进程，兴建大量的基础设施，采取开明的社会政策。这些举措被称为庇隆主义。在 20 世纪五六十年代，庇隆曾被迫下台流亡，直到 1973 年才再次当选阿根廷总统。庇隆去世之后，他创立的正义党一直处于强势执政地位。进入21世纪，正义党的内斯托尔·卡洛斯·基什内尔（Néstor Carlos Kirchner）和他的夫人克里斯蒂娜·费尔南德斯·德基什内尔（Cristina Fernández de Kirchner）2003—2015年一直担任阿根廷总统。

在阿根廷的政治生活中，一直有反对庇隆主义的右翼政党存在。其中比较著名的有激进公民联盟（Radical Civic Union）和共和国方案联盟（Republican Proposal）等。在2015年，自由保守党、激进公民联盟和共和国方案联盟组成了一个新的反对党联盟"改变党"（Cambiemos），该党中的总统候选人毛里西奥·马克里（Mauricio Macri）击败了正义党的候选人，当选为阿根廷总统。马克里上任之后，外交政策右倾明显，他一改左翼政权的反美态度，加强了与美国的外交关系。同时，对马杜罗领导的委内瑞拉政权则采取了敌对的立场。

从马克里上台到巴西总统博尔索纳罗上台，南美洲最大的两个国家都从左翼转向了右翼，这可能是南美洲政治风向标转变的重要起点。

九、巴拉圭

巴拉圭的政党政治表现为一党独大制。该国最主要的政党是国家共和联盟（National Republican Association）。该党成立于1887年，又被称为红党。从1953年以来，该党的总统候选人一直赢得大选，只在2008年的大选中失利。当时击败红党的是由几个政党组成的变革爱国者联盟（Patriotic Alliance for Change）的总统候选人费尔南多·卢戈（Fernando Lugo）。当前议会中的第一大反对党是真正激进自由党(Authentic Radical Liberal Party),该党又被称为蓝党,号称有100多万党员。目前来看,右翼的国家共和联盟的执政比较稳固,左翼政党挑战执政党的难度比较大。

十、乌拉圭

乌拉圭是多党制国家,政坛主要有三个重要政党。第一个是广泛阵线(Broad Front),成立于1971年,是乌拉圭政坛的左翼政党。从2005年以来,广泛阵线一直是执政党。第二个是民族党,也被称为白党。民族党成立于1836年,发展历史悠久,目前是议会中的第二大政治力量。第三个政党是科罗拉多党(又称红党),成立于1836年,右翼政党,代表社会中间阶层尤其是资产阶级的利益。

十一、苏里南

苏里南是多党制国家,单一政党很难长期上台执政。该国主要的大党包括国家民主党(National Democratic Party)和苏里南国家党(National Party of Suriname)。国家民主党成立于1987年,在2010年和2015年两次赢得总统大选。苏里南国家党成立于1946年,2000—2010年其候选人赢得总统大选。苏里南国家党是民主和发展新阵线(New Front for Democracy and Development)的主要成员。

第十一章　亚洲政党政治的地区情势

本章介绍亚洲地区各国的政党政治发展情况,分东亚、东南亚、南亚、西亚和中亚五个地区阐述。总体来看,东亚地区的政党政治发展制度化程度高,相对比较稳定;东南亚地区的政党情况比较复杂,内部出现了很多新的变化;而在南亚地区,印度的政党政治是最大的看点;在西亚地区,政党政治表现出与众不同的特点,政党的命运与地区的形势和国家的变化深深地捆绑在了一起;在中亚地区,政党政治的发展水平不高,政治领导人个人的权威更为重要。

第一节　东亚政党政治的地区情势

一、韩国

韩国的政党政治并不如日本、德国那样制度化[①]。在二

---

① 韩国政党政治是西方学术界重点关注的案例,可参见 Jun Young Choi, Jiyoon Kim and Jungho Roh, "Cognitive and Partisan Mobilization in New Democracies: The Case of South Korea", *Party Politics*, 2017, 23(6), pp.680-691。

战结束之后,韩国的保守主义势力上台执政。在完成民主转型之后,韩国的政党政治具有极强的地域色彩。庆尚南北道地区和全罗南北道地区往往会在大选中进行对抗。目前韩国的两大政党是韩国民主党(Democratic Party of Korea)和自由韩国党(Liberty Korea Party)。韩国民主党成立于2014年,是由其他政党结合在一起新组成的。目前该党是韩国第一大党,国会议席数达到了129个,韩国总统文在寅也出自韩国民主党。韩国民主党支持对北和平主义,代表社会中下阶层利益。自由韩国党是保守右翼政党,它的原名是大国家党,后来还曾经使用过新世界党的名称,其支持者主要是中上阶层。

韩国的政党政治在21世纪的发展中继续陷入在"青瓦台魔咒"中。所谓"青瓦台魔咒"是指韩国总统往往不能善终。在20世纪就有多位韩国总统被枪杀、判刑和坐牢的例子。进入21世纪,高层争斗依然没有停止。卢武铉下台之后被调查,导致坠崖自杀。李明博下台之后也遭调查,被判入狱。继任的朴槿惠因为"亲信干政"丑闻也被判有罪。在财阀控制国家经济命脉、美国控制国家安全形势的条件下,韩国内部的政党争斗在短时间内不会结束,"青瓦台魔咒"也很难被打破。这些因素不利于国家政治生活的健康稳定发展,更不利于维护社会的长治久安。

二、日本

日本的政党政治发展在亚洲尤其在东亚地区是属于非常早的。日本明治维新之后成立了国会,从此政党政治应运而生。但是在议会政党政治的短暂发展之后,日本很快转向了军国主义发展路径。政党在国家政治生活中的作用和价值很快被军方消解,这一局面一直到日本在二战战败投降之后才发生了根本性的改变。

二战结束以来,日本政党政治的最大特点就是一党独大制的政党体制①。学术界把日本的一党独大体制称为"55年体制"。在1955年,自由党与日本民主党合并为自由民主党(简称"自民党"),并开始长期执政,奉行保守主义和民族主义的意识形态。与此同时,社会党尽管无力挑战自民党的执政地位,但是一直稳定地处于日本第二大党的地位,与自民党构成了稳定的执政—反对关系。尽管在20世纪90年代发生过自民党短暂下台的政治局面,但是"55年体制"的根基依然没有发生根本性变化。

进入21世纪以来,日本政坛又发生了很多变化。尽管自民党依然强势,但是内部派系问题导致本党的凝聚力和执政能力下降。在前日本首相小泉纯一郎下台之后,自民党在短短三年之内经历了安倍晋三、福田康夫和麻生太郎三任首相。而在2009年,日本首相之位由自民党转移到了日本民主党的手中,但是日本民主党的执政依然麻烦不断。2009—2012年,民主党也更换了三次首相,分别是鸠山由纪夫、菅直人和

---

① 日本的一党独大体制吸引了很多研究者的关注,如 Leslie Tkach-Kawasaki, "Politics@ Japan: Party Competition on the Internet in Japan", *Party Politics*, 2003, 9(1), pp.105 – 123; Sven-Oliver Proksch, Jonathan B. Slapin and Michael F. Thies, "Party System Dynamics in Post-War Japan: A Quantitative Content Analysis of Electoral Pledges", *Electoral Studies*, 2011, 30(1), pp.114-124; Hans Baerwald, *Party Politics in Japan*, Routledge, 2010。

野田佳彦。可以说,日本政坛在 21 世纪初虽然经历了政党轮替,但是一直没有建立起稳定的内阁,无法实现稳健的执政预期。笔者曾于 2010 年赴日本交流学习半年,深深地感受到了日本民众对当时日本政治的失望。他们急切希望能够有一个稳定的内阁和政党领袖,但是在当时却是很难实现。

安倍晋三的第二次上台为日本政党政治带来了新的变化。首先,"二进宫"的安倍显然已经完全吸取了第一次上台执政的教训,以更加成熟的心态履行首相之职。尽管在 2012 年上台之时问题不断,但是他成功地逃脱了"短命"的命运,一直执政到今天。其次,日本的其他政党进入新一轮的分化重组周期。日本民主党在下台之后发生分化,一部分党员组建了宪政民主党(Constitutional Democratic Party),另一部分则成立了国民民主党(Democratic Party for the People)。议会中的公明党(Komeito 或 Clean Government Party)是自民党的长期合作友党。尽管公明党在国会中占有的席位少于宪政民主党和国民民主党,但是它通过与自民党组成联合政府,确保了自民党的统治地位,进一步保证了安倍内阁的稳定。最后,日本自民党政府的军国主义倾向值得警惕。安倍本人具有很强的民族主义情绪,一直试图推动日本在军事化的道路上走得更远。目前的日本政坛还欠缺足够反对安倍的政党力量,学术界需要对自民党的外交政策保持更多的关注。

三、朝鲜

朝鲜是与中国接壤的社会主义国家,该国的政党体制是劳动党领导下的多党合作制。朝鲜的执政党是劳动党,另外两个政党是天道教青友党(Chondoist Chongu Party)和朝鲜社会民主党(Korean Social Democratic Party)。劳动党的主导意识形态是主体思想,目前有党员大约400万人。2011年,朝鲜劳动党第二代领导人金正日去世,金正恩开始成为朝鲜党政军的实际领导人。从金正恩担任领导人以来,朝鲜劳动党内部的人事变动比较频繁,但是在过去的两年中也开始趋于稳定。朝核问题是东北亚地区的重大安全问题,美国对朝鲜保持着极限施压的外交态度,这对劳动党的执政是一个严峻的考验。

四、蒙古国

蒙古国是两党制国家。第一大党是蒙古人民党,第二个主要政党是民主党。蒙古人民党从1921年开始上台执政,一直到1996年才下台。在1996年的国家大呼拉尔(State Great Khural)选举中,蒙古民族民主党和蒙古社会民主党合作一起参与大选挑战执政党,最终他们战胜了当时执政的蒙古人民革命党(其前身是蒙古人民党)。四年之后,蒙古民族民主党和蒙古社会民主党在大选中惨败。下台之后的两党与其他小党合并到一起,组建了新的民主党。新成立的民主党在蒙古国的多次国会选举和总统大选中形成了与蒙古人民革命党分庭抗礼的局面,使得两党制的政党制度越发稳定。

1921年,蒙古宣布独立,开始拥抱社会主义制度,成为社会主义国家。执政党蒙古人民党在1925年修改自己的党名为蒙古人民革命党。该党是蒙古人民共和国的唯一合法政党,奉行共产主义、马克思列宁主义意识形态。在苏东剧变之后,蒙古开始允许其他政党开展活动。1996年,蒙古人民革命党在国会选举中失利,执政权让渡给其他政党。无论是在社会主义国家阵营内还是其他国家,目前没有一个政党比蒙古人民革命党连续执政的时间长。墨西哥的制度革命党连续执政达到71年(1929—2000年),苏联共产党的连续执政达到74年(1917—1991年),而蒙古人民革命党达到75年(1921—1996年)。在21世纪,我们发现蒙古国的两党实力在国家大呼拉尔选举中发生剧烈的波动。比如,在2008年国家大呼拉尔选举中,蒙古人民革命党获得了45席,而民主党有27席。在2012年的国家大呼拉尔选举中,民主党赢得34席,蒙古人民革命党获得26席。而到了2016年,蒙古人民革命党取得了压倒性胜利,其所获国会议席达到了65席,而民主党则骤降到9席。但是这并不表明在未来,蒙古国将会成为一党主导制国家。民主党还有希望能够逆转颓势,重新赢得议会大选的胜利。

第二节　东南亚政党政治的地区情势

一、越南

越南是东南亚地区发展迅速的社会主义国家。越南的执政党是越南共产党(1951—1976年为越南劳动党),目前国内没有其他政党。在历史上,越南也有过自己的民主党派,分别是越南民主党(Democratic Party of Vietnam)和越南社会党(Social Party of Vietnam)。这两个民主党派在1988年被解散了,从此越南成为一个只有一个政党的社会主义国家。在这一点上,越南的政党模式与苏联是一致的,与我国的中国共产党领导的多党合作和政治协商制度不同。

越南共产党的中央权力架构相对分散。中央政治局是党和中央政府的最高决策机构，但是越南共产党中央委员会有权否决政治局的决策。虽然这种情况并不是频繁发生，但也确实发生过。越南共产党的总书记会同时兼任中央军事委员会书记，是越南实际上的最高领导人。国家主席是越南名义上的国家元首，一般不由越南共产党总书记兼任（当前是由越南共产党总书记阮富仲兼任）。越南国会主席是越南立法机构的领导人，目前由阮氏金银担任。越南共产党在历史上曾经设有中央政治局常委职务，从2001年开始不再设立。越南共产党的政治局委员人数并不固定，在2001年选出的第九届政治局有15名委员，在2006年的第十届政治局有14名委员，在2011年的第十一届政治局有16名委员，在2016年的第十二届政治局有19名委员。而且中央政治局中的委员是有排名先后之分的，这些排名代表了权力的大小。这种相对不够稳定的权力结构导致在政治局换届过程中会出现一定的斗争，但是总体上讲政治局的换届还是比较平稳的，而且越南共产党的中央权力架构有进一步集中的趋势。

二、泰国

泰国是一个君主制国家，泰王是拥有实权的君主[①]。泰

[①] 泰王在泰国拥有巨大的影响力和威望，其他人（包括政府总理）在面见泰王时必须匍匐在地。泰王还掌握军队，军队不听从文官的管理。此外，以泰王为代表的皇室拥有巨额财富。不仅泰王本身拥有几百亿美元的资产，为皇室理财的泰国王室资产管理局（Crown Property Bureau）是泰国最大的企业集团，其所管理的财富也高达几百亿。

第十一章 亚洲政党政治的地区情势

国内部一直都有多个政党活动,但是政党政治的基础并不牢固。因为军方在泰国政治生活中并没有保持中立,且不受政府文官控制,因此泰国政坛一直都不平静。

在21世纪,泰国富商他信领导的泰爱泰党(Phak Thai Rak Thai)在2001—2006年是执政党。该党成立于1998年,主要代表社会中下阶层尤其是农民的利益。泰爱泰党在2005年的大选中取得了压倒性的胜利,因此他信也获得了连任。然而在2006年,泰国军方发动政变,他信政府被推翻,泰国的政党政治遭受沉重打击。泰国的民主党历史悠久,在他信被赶下台之后,民主党趁机组建联合政府上台。在2008年,为泰党(Pheu Thai Party)成立,并由他信的妹妹英拉领导。英拉领导的为泰党奉行与泰爱泰党同样的经济政策,再次获得了底层民众的支持。因此,在2011年的大选中,为泰党成功击败民主党,开始上台执政。2014年,泰国军方再次发动政变,民选政府再次倒台。

尽管在2019年,军方终于同意重新组织大选,但是长达5年的军政府统治,使得泰国的民主之路前途未卜。2019年大选的投票结果显示为泰党再次成为议会第一大党,但是所获议席数未能过半,未能上台执政。而军政府领导人巴育(Prayut)则再次成功担任泰国总理。泰国政党政治的另外一个变数是新国王的影响力。老国王普密蓬(拉玛九世)生前广受民众支持和喜爱,对现实政治的影响力极大。而新国王哇集拉隆功(拉玛十世)在民众中的受欢迎程度远逊于其父,对军方的控制能力也不明朗。这些都为泰国政治的不确定性埋下了伏笔。

三、柬埔寨

柬埔寨是一党主导制国家,最主要的政党是柬埔寨人民党。柬埔寨人民党曾经是信奉马列主义的左翼政党,在1991年放弃马列主义意识形态之后,改名为现在的柬埔寨人民党。柬埔寨国内有反对党,其中比较著名的是救国党(Cambodia National Rescue Party)。该党在2012年成立,在2013年的国会大选中赢得55个议席,仅次于人民党的68席。但是在2017年,该党被柬埔寨政府取缔。

四、老挝

老挝是东南亚的社会主义小国,国内只有一个政党——老挝人民革命党(Lao People's Revolutionary Party)。该党成立于1955年,1975年以来一直是这个国家的执政党。老挝人民革命党中央委员会总书记为本扬·沃拉吉(Bounnhany Vorachith),他于2016年当选,成为老挝党和国家最高领导人。

五、缅甸

缅甸政党政治的关键词是昂山素季(Aung San Suu Kyi)。昂山素季的父亲是被称为国父的昂山将军。昂山素季是缅甸全国民主联盟(National League for Democracy)的创立者之一。全国民主联盟成立于1988年,在1990年的大选中获得了胜利,但是选举结果被当时的缅甸军政府撕毁,昂山素季本人也被软禁多年。在2015年的大选中,全国民主联盟获得了90%多的选票,成功上台。昂山素季本人也进入政府,担任了外交部长、总统府事务部长、国务资政等要职,成为缅甸事实上的最高领导人。昂山素季的上台并不意味着缅甸国家政治生活全面转变。2017年爆发的罗兴亚人难民危机使得我们认识到缅甸国内的地区问题、种族问题和发展问题依然严峻。缅甸的国家发展之路还面临很多的挑战。

六、新加坡

新加坡是一个多党制国家,允许多个政党活动。新加坡的执政党是人民行动党(People's Action Party)。人民行动党成立于1954年,从1959年开始由李光耀领导,是新加坡独立至今连续执政的政党。在李光耀先生的领导下,新加坡经济发展成绩显著,吸引了世界的目光。李光耀的儿子李显龙从2004年开始担任人民行动党的秘书长和新加坡总理。李显龙治下的新加坡尽管依然在向前发展,但是面临的挑战和问题也越来越多。

首先,新加坡社会中政治多元化的呼声不断高涨。奉行精英主义的人民行动党几十年来一直保持着一党独大的态势,压制了很多社会各界的意见。随着国父李光耀在2015年去世,批评人民行动党的政治体制的声音开始增多。

其次,新加坡的经济发展面临挑战。很长一段时间以来,新加坡的亮眼经济表现都能说服公民支持人民行动党的政策。但是近年来,全球化发展遇到诸多挑战,美国优先的政策对自由贸易体制产生了很强的干扰,新兴经济体的增长也在放缓,这些都对新加坡的外向型经济产生了冲击。在这种情况下,底层民众的生存压力上升,对政府的不满情绪增多。

最后,李显龙内阁的接班人问题是人民行动党面临的重大挑战。人民行动党很强调政党建设和组织战斗力,一直注意选拔优秀的精英人士加入政党高层和政府内阁。随着李显龙对内阁成员的调整,目前有种种迹象表明王瑞杰(Heng Swee Keat)是下一任新加坡总理的热门人选。王瑞杰目前是人民行动党第一助理秘书长,在政府中担任副总理和财政部长要职。他曾经做过李光耀的秘书,深受李光耀的赏识。尽管能力出众,但是未来他能否胜任新加坡总理一职,回应社会的种种挑战,还需要我们进一步观察。

七、菲律宾

菲律宾是多党制国家,单一政党很难单独上台执政,更多的时候是某一政党与其他政党组成选举联盟。菲律宾在国家层面活动的政党比较少,在地方层面活动的政党比较多。但是因为很多政党缺乏牢固的群众基础和组织基础,政党在选举中的沉浮变动很频繁。基督教穆斯林民主力量党(Lakas-Christian Muslim Democrats,Lakas-CMD)是菲律宾的一个中间偏右的政党,它成立于1991年,在1992—1998年和2001—2010年执政。2010年自由党总统候选人阿基诺三世赢得大选,此后基督教穆斯林民主力量党逐渐式微。自由党是菲律宾具有悠久历史的大党,在历史上为反对军事独裁作出了巨大贡献。自由党上台之后,经济表现乏力,阿基诺三世与中国的关系较差,导致国内不满声音增多。在2016年的总统大选中,来自民主人民力量党(Philippine Democratic Party-People's Paver,PDP-Laban)的杜特尔特以较大优势赢得大选,开始上台执政。民主人民力量党由菲律宾民主党和人民力量党于1983年合并而成,具有民粹主义倾向。

杜特尔特上台以来，一改前任阿基诺三世的反华倾向，致力于与中国修复关系和加强合作。他还派代表团来中国学习如何加强党建和培训自己的党员干部。目前民主人民力量党与其他党派如民族党（Nationalist Party）和民族主义人民联盟（Nationalist People's Coalition）共同组成了变革联盟（Coalition for Change），牢牢占据了国会的绝对多数。作为反对党的自由党（Liberal Party）目前是国会的第二大党。在杜特尔特的努力下，菲律宾各方面进步显著。

八、印度尼西亚

印度尼西亚（简称"印尼"）是东南亚地区的大国，是世界上穆斯林人口最多的国家，也是发展中国家中的大国。印尼是多党制国家，单一政党很难单独上台执政，往往需要组成执政联盟。印尼政党政治的突出特点之一是所有合法政党必须遵守印尼建国五项原则（印尼人称"Pancasila"）。这五项原则包括：必须有宗教信仰（主要是伊斯兰教）；正义和文明的人道主义；印尼的团结和统一；代议制和协商下的民主；实现全体国民的社会正义。

印尼在20世纪下半叶发展迅速，时任总统苏哈托依靠所谓的"新秩序"执政了32年。苏哈托下台之后，印尼政党政治进入了一个新阶段，各个政党纷纷建立。21世纪前期上台执政的政党是民主党（Democratic Party）。民主党成立于2001年，是中间偏右的政党。该党在2004年和2009年大选中获胜，组建了联合政府。印尼前总统苏西洛（Susilo）出自民主党。他的上台也是印尼历史上第一次由人民直选产生总统。目前印尼政坛中的执政党是印度尼西亚民主斗争党

(Indonesian Democratic Party-Struggle)。该党成立于1998年,由原印尼民主党分裂出来的党员人士组建。该党在2014年大选中获胜,与其他政党组建执政联盟上台。其总统候选人佐科·维多多(Joko Widodo)赢得大选,顺利出任印尼总统。在2019年的大选中,印尼历史上第一次出现总统、副总统、国家议会和地方议会在同一天进行选举的情形。因为所有选举都在同一天进行,这次选举的参与人数接近2亿,有16个政党参与。在这次选举中,现任总统维多多继续赢得了总统宝座,获得另外一个5年任期。而在国会层面,印尼斗争民主党的席位增加了19席,进一步巩固了自己的执政地位。国会第一大反对党是大印度尼西亚运动党(Great Indonesia Movement Party),该党成立于2008年,具有民粹主义倾向。尽管大印度尼西亚运动党没有在总统选举中获胜,但是它的国会议席有所增加。

九、马来西亚

马来西亚是东南亚地区发展较快的国家,其政党制度在20世纪下半叶大部分时间是一党独大制。在20世纪,一些政党和政治组织在1957年共同成立了联盟党(Alliance Party)。该党执政到1973年正式改名为国民阵线(Barisan Nasional),国民阵线因为吸纳了十多个政党参加,所以一直牢牢把控政坛,长期执政到21世纪。到了2008年,国民阵线的连续执政第一次遭到了实质性的挑战。在2008年的大选中,国民阵线在国会中长期垄断三分之二席位的格局被打破,反对党看到了结束国民阵线统治的机会。因此,人民公正党(People's Justice Party)、民主行动党(Democratic Action

Party)和马来西亚伊斯兰党（Malaysian Islamic Party）在2008年正式宣布组成联合阵线，取名"人民联盟"。人民联盟于2015年解散，但是联盟中的人民公正党、民主行动党和土著团结党（Malaysian United Indigenous Party）与国家诚信党组成了新的联盟，成为今天的希望联盟（Alliance of Hope）。

人民公正党的前身是国民公正党，于1999年创立。在2003年，国民公正党与马来西亚人民党合并，成立了人民公正党。人民公正党是希望联盟中的最大执政党，也是马来西亚的第一大党。民主行动党注册成立于1966年，在中产阶级和工人阶级中获得广泛支持。马来西亚伊斯兰党注册成立于1955年，该党多次在国民阵线和人民联盟两大阵营中游走，但是因为其教旨主义倾向，导致该党多次与其他政党发生矛盾，引发内部纷争和分裂。

马来西亚的政党政治在2018年迎来了重要的拐点。2016年，有着马来西亚"现代化之父"称号的前总理马哈蒂尔（Mahathir）在退休之后复出，组建了新的政党。马哈蒂尔曾经在1981年到2003年担任马来西亚总理长达22年。因为不满前总理纳吉布，马哈蒂尔在2016年创立了土著团结党。该党并入希望联盟，在2018年对执政党国民阵线发起了挑战。最终，大选结果是希望联盟取胜，国民阵线一党独大的局面被终结。马哈蒂尔也以93岁高龄再次当选马来西亚总理。因为马哈蒂尔年事已高，所以他的上台执政并不能持续太久，更年轻的领导人安华（Anwar）预计将接马哈蒂尔的班。安华曾经在20世纪90年代被列为马哈蒂尔的接班人，但是后来却被革职监禁。在未来，他能否顺利接班马哈蒂尔，接班之后又将采取何种政策，值得我们关注。

十、东帝汶

东帝汶是东南亚的一个小国,实行多党制。东帝汶在历史上是葡萄牙的殖民地,于 1975 年脱离葡萄牙的殖民统治之后,旋即又被印度尼西亚占领。在 2002 年,经过国际社会尤其是澳大利亚的军事介入,东帝汶才再次恢复独立。东帝汶国内有两个主要政党:东帝汶全国重建大会党(National Congress for Timor Leste Reconstruction)和东帝汶独立革命阵线(Revolutionary Front of Independent East Timor,葡萄牙文简称为 FRETILIN)。东帝汶独立革命阵线成立于 1974 年,一开始是致力于反对殖民统治的抗争运动,后来才发展为政党。在东帝汶获得独立之后,该党成为执政联盟的核心成员,一直到 2007 年。东帝汶全国重建大会党成立于 2007 年,现在是东帝汶执政联盟中的核心成员。这个执政联盟还包括人民解放党(People's Liberation Party),目前该党领袖鲁瓦克(Taur Matan Ruak)担任东帝汶总理。

第三节 西亚政党政治的地区情势

一、伊朗

伊朗是西亚(中东)地区的强国,现在是政教合一国家。伊朗的最高领导人并不是总统,而是最高领袖。因为伊朗是神权统治国家,所以政党在国家政治生活中的地位并不是太高。国内比较重要的政党包括战斗教士联盟(Combatant

Clergy Association)。战斗教士联盟并不是一个传统意义上的政党，而更像精英导向的政治组织。战斗教士联盟中的重要人物在伊朗政府内占据要职，发挥了巨大的政治影响力。

二、土耳其

土耳其是连接亚洲和欧洲的地区大国，在历史上是奥斯曼帝国。土耳其是多党制国家，但是21世纪以来土耳其政坛被正义和发展党（Justice and Development Party）控制。正义和发展党成立于2001年，是右翼带有民粹主义和民族主义的政党。该党在2002年成为土耳其的执政党并执政至今，政党领袖是土耳其总统埃尔多安。因为埃尔多安有着大国的情结，所以一直试图利用正义和发展党找回奥斯曼的传统，以及在世俗的土耳其恢复伊斯兰的身份政治。尽管国内一直有反对埃尔多安的声音，但是随着2016年土耳其军事政变的平息，埃尔多安的统治似乎变得更加稳固。土耳其的军事政变与很多非洲国家或者拉丁美洲国家的军事政变不同。在拉丁美洲和非洲，军事政变者是权力导向的，他们发动政变是为了自己上台执政。而在土耳其，军方干预政治是凯末尔主义的遗产。凯末尔革命就是要在土耳其这个伊斯兰国家实行政教分离，建立世俗化的政治。而一旦伊斯兰势力试图重新复辟，军方就会出来干预，把权力重新交回到世俗派的手中。在2019年伊斯坦布尔市长的选举中，世俗派候选人战胜了占据市长之位已经20多年的正义和发展党的候选人。这表明城市里反抗埃尔多安的力量不仅存在，而且在增长。在未来，以发展与正义党为代表的伊斯兰势力与以军方和中产阶级为代表的世俗势力如何争斗值得关注。

三、塞浦路斯

塞浦路斯是多党制国家,国家层面有三个主要大党。第一个是民主大会党(Democratic Rally),它成立于 1976 年,是塞浦路斯中间偏右的政党。第二个是劳动人民进步党(The Working People's Progressive Party),该党成立于 1926 年,从名称就可以看出该党是一个左翼政党。劳动人民进步党的前身是塞浦路斯共产党,1941 年改组并改用现名,现在是塞浦路斯唯一一个奉行马列主义的社会主义政党。第三个政党是民主党(Democratic Party),成立于 1976 年。民主党的总统候选人在 2003 年赢得大选,后来劳动人民进步党在 2008 年赢得了总统大选。劳动人民进步党总书记赫里斯托菲亚斯(Demetris Christofias)的当选在当时具有轰动效应,因为他是欧盟成员国中第一位共产党人国家领导。目前困扰塞浦路斯的最大问题是国内希腊族和土耳其族的和解问题。塞浦路斯国内的主体民族是希腊族,少数民族是土耳其族。塞浦路斯虽然是一个岛国,但是国内很多人希望加入希腊。土耳其坚决反对塞浦路斯并入希腊,因此出兵塞浦路斯并在北部成立了国家。这就造成了所谓的塞浦路斯问题,这个问题目前来看依然没有好的解决方案。

四、叙利亚

叙利亚是一党主导制国家。叙利亚的执政党是叙利亚复兴党(Ba'ath Party)。该党的前身是成立于 1947 年的阿拉伯复兴社会党,奉行激进的泛阿拉伯主义。该党的目标是要把阿拉伯人居住的地区统一起来,以此来实现阿拉伯伟大文明的复兴。叙利亚复兴党从20世纪70年代至今一直由阿萨德家族领导。在所谓的"阿拉伯之春"爆发以来,叙利亚开始出现反政府的示威游行。最终,这些反政府活动演变为武装冲突,叙利亚内战从此爆发。叙利亚反政府组织内部鱼龙混杂,但是他们的目标比较一致,即团结起来推翻巴沙尔·阿萨德的统治。但是数年过去了,阿萨德的统治并没有被推翻,而反对派的实力在逐渐减弱。

五、黎巴嫩

黎巴嫩是多党制国家,国内党派众多,但是被分为两大对立阵营。第一个阵营是三月八日联盟(March 8 Alliance),这个阵营由亲叙利亚的政党组成。三月八日联盟中最主要的政党是自由国民阵线(Free Patriotic Movement)和黎巴嫩真主党(Hezbollah)。第二个阵营是三月十四日联盟(March 14 Alliance),是由反叙利亚的政党组成的。三月十四日联盟中最主要的政党是未来阵线(Future Movement)和黎巴嫩力量党(Lebanese Forces)。在这些政党中,最为外界熟知的恐怕是黎巴嫩真主党。该党正式宣告成立是在1985年,一直对以色列持敌对立场,经常对以色列境内目标进行袭击。西方大国和以色列一直视黎巴嫩真主党为"恐怖组织",但是真主党不仅积极参与政治,还从事一系列社会活动。所以从一定意义上说,它不是传统意义上的政党,但是它在黎巴嫩的政治生活中却发挥着重要的作用。

六、以色列

以色列是中东地区的强国,是美国在该地区最重要的盟友。以色列是多党制国家,重要的政党有利库德集团、未来党和以色列工党等①。利库德集团成立于 1973 年,1977 年起成为以色列国会第一大党,之后逐渐发展为以色列最大的右派保守主义政党。以色列建国之后,长期处于执政地位的是以色列工党(Israel Labor Party)。工党在经过半个世纪的执政之后,没能积极适应以色列的国内变化,逐渐失去了选民的支持。需要注意的是,以色列的政党政治不能回避的一个核心问题就是巴以关系。工党历来坚持对巴宽松政策,提出的"土地换和平"倡议一度获得了国际社会的广泛关注和支持。而利库德集团是宗教色彩比较重的右翼保守主义政党,奉行强硬的外交政策,对巴勒斯坦的政治组织哈马斯和法塔赫都持敌对立场。

现任以色列总理本雅明·内塔尼亚胡(Benjamin Netanyahu)在 2009 年再次上台担任总理,他对巴勒斯坦的强硬态度获得了民众的支持,巩固了利库德集团在国内的执政地位。尤其是在 2017 年特朗普就任美国总统以来,内塔尼亚胡与极度亲近以色列的特朗普互动频繁,更是为自己的执政添加了很多信心。在特朗普的支持下,美国把大使馆从特拉维夫迁到了耶路撒冷。在 2019 年大选之前,美国又承认戈兰高地属于以色列,这都为内塔尼亚胡及其利库德集团赢得大选送出了"助攻"。因为内塔尼亚胡组阁失败,以色列将重新

---

① 以色列是西方政党学界重点关注的国家,可参见 Reuven Hazan and Gideon Rahat, "Israeli Party Politics: New Approaches, New Perspectives", *Party Politics*, 2008, 14(6), pp.659-661; Yael Yishai, "Bringing Society Back in: Post-Cartel Parties in Israel", *Party Politics*, 2001, 7(6), pp.667-687。

第十一章　亚洲政党政治的地区情势

举行选举。不管选举结果如何,在未来,以色列的政党政治依然会围绕着巴以关系和以美关系展开。

七、伊拉克

在萨达姆被推翻之后,伊拉克成为一个多党制国家。因为伊拉克内部有种族和宗教矛盾,加之伊拉克在重建过程中社会安定无法保证,所以伊拉克的政党具有很深的种族、宗教和军事色彩。以2018年的大选为例,参选的政党和政党联盟可以分为三个派别。第一个是以什叶派为主的竞选联盟或政党;第二个是以逊尼派为主的竞选联盟或政党;第三个是以库尔德人为主的参选政党或联盟。在什叶派的竞选联盟里,主要的政党包括胜利联盟、法治国家联盟和法塔赫联盟。在以逊尼派为主的竞选联盟里,主要的政党包括国家联盟和伊拉克决定联盟。而在库尔德人自治区,两个主要的政党是库尔德斯坦民主党和库尔德斯坦爱国联盟。没有任何一个政党能够单独组建政府上台执政,各个政党之间必须通过谈判和妥协才能实现政府组阁。长年的动荡不安和政治腐败削减了民众的政治参与热情,2018年的大选投票率并不高,选民虽然普遍具有一定的宗教和种族倾向,但是他们更关心如何构建国家认同,实现社会稳定和打击腐败。伊拉克的政党政治还将继续处于转折期,未来的发展态势依然不明朗。

八、也门

也门在很长一段时间内是一党独大型国家。国家内部最主要的政党是全国人民大会党(General People's Congress),该党成立于1982年,由也门前总统萨利赫领导。在"阿拉伯之春"运动中,也门总统萨利赫迫于压力辞职,也门国内从此开始陷入混乱局面。现在国内有三股政治和军事势力:胡塞武装组织、政府军和半岛激进组织。在三方互相武装斗争的情况下,政党政治发展的基础无法保证,短时间内也没有解决的方案。

九、格鲁吉亚

格鲁吉亚是多党制国家。国内的主要政党包括联合民族运动党(United National Movement)、格鲁吉亚梦想(Georgian Dream)、欧洲人的格鲁吉亚(European Georgia)和格鲁吉亚爱国者联盟(Alliance of Patriots of Georgia)等。联合民族运动党成立于2001年,它奉行亲西方尤其是亲欧盟的立场。2004—2012年,联合民族运动党是格鲁吉亚的执政党,后来在议会选举中逐渐失势。格鲁吉亚梦想成立于2012年,奉行亲西方的立场,是多个政党的联盟,它从2012年以来一直是执政党。欧洲人的格鲁吉亚成立于2017年,它的一些成员来自联合民族运动党。格鲁吉亚爱国者联盟成立于2012年,有右翼民粹主义倾向,主张在欧洲和俄罗斯两大阵营中保持平衡。

十、亚美尼亚

亚美尼亚的政党体制正在从一党独大制走向多党制。国内的主要政党有亚美尼亚共和党(Republican Party of Armenia)、公民契约(Civil Contract)、使命党(Mission Party)、繁荣亚美尼亚(Prosperous Armenia)和光明亚美尼亚(Bright Armenia)。亚美尼亚共和党在1990年成立,是亚美尼亚独立之后最先成立的政党。该党从 20 世纪 90 年代到 2018 年一直是执政党。2018 年爆发的"天鹅绒革命"导致共和党失去了民众的支持。在 2018 年,执政党选举担任过十年总统的谢尔日·萨尔基相(Serzh Sargsyan)为总理,民众不满萨尔基相的行为,由此引发了示威。在随后举行的大选中,公民契约与使命党组成了我的行动联盟(My Step Alliance),该联盟获得了 132 个议席中的 88 席,取得了压倒性的胜利。2018 年的选举实现了亚美尼亚的政党轮替,标志着这个国家政党政治转型的开始。

十一、阿塞拜疆

阿塞拜疆是一党独大型政党体制的国家。新阿塞拜疆党一直是该国的执政党,其他政党很难发展起来挑战新阿塞拜疆党的执政地位。新阿塞拜疆党在 1992 年由盖达尔·阿利耶夫(Heydar Aliyer)创建,他一直担任总统到 2003 年。盖达尔之子伊尔哈姆·阿利耶夫(Ilham Aliyer)在 2003 年从父亲手中接任主席一职,并执政至今。

第四节 南亚政党政治的地区情势

一、印度

印度是发展中国家中的大国,其国内政党数量非常多,但是大部分是地区层面的政党,在国家层面和邦层面活动的政党数量要少得多。在国家层面,最主要的两个政党是印度国民大会党（Indian National Congress）和印度人民党（Bharatiya Janata Party）。印度国民大会党成立于1885年，曾经为印度摆脱英国殖民统治作出了历史性的贡献。在印度独立之后，印度国民大会党多次上台执政。与印度国民大会党相比，印度人民党则要年轻得多。它成立于1980年，但是发展迅猛，现在号称党员人数已经破亿，世界第一。印度人民党信奉印度教至上主义，它的支持者主要是印度教的教徒。而印度国民大会党则坚持世俗主义，不与宗教发生太多的联系。

进入21世纪，印度国民大会党领导的团结进步联盟（United Progressive Alliance）在2004年和2009年的大选中两次击败印度人民党领导的全国民主联盟（National Democratic Alliance）上台执政。但是在2014年的国家大选中，纳伦德拉·莫迪（Narendra Modi）领导的全国民主联盟赢得了一场大胜，首次单独赢得了印度人民院的过半席位，整个联盟获得的席位更是高达336个。印度大选因为参与的政党多和投票选民多，所以一直以花费高昂和持续时间长闻名。众所周知，美国大选是世界上最昂贵的选举，要花费几十亿美元。印度大选的花费同样昂贵，仅次于美国。印度的大选持续的时间比较长。比如，2019年大选于4月11日至5月19日分七个阶段进行。

莫迪政府上台以来推行了一系列改革措施。这些措施包括货币改革、税收改革、提升国内营商环境和吸引外资等，这些举措确实提升了印度的经济实力，保持了印度经济的高速增长。但是他的部分激进改革举措也引起了很多争议。其中，2016年，印度政府突然宣布废止面值500和1 000的印度

第十一章　亚洲政党政治的地区情势

卢比的市场流通。这项改革措施的本意是为了打击洗钱和腐败，但是在实际过程中却伤害了底层普遍民众的利益。

2019年的印度大选已经落下帷幕，莫迪所在的印度人民党再次赢得大选，确保了莫迪的下一个总理任期。强势的莫迪赢得了选民的支持，印度人民党实现了对印度国民大会党的压制。但是这并不意味着莫迪的下一个任期会非常轻松。他在发展印度经济方面仍然需要解决很多问题，而且他推行的印度教民族主义对印度社会会造成何种影响也值得我们关注。

二、孟加拉国

孟加拉国是两党制国家，主要的两个政党是孟加拉国人民联盟（Awami League）和孟加拉国国家党（Bangladesh Nationalist Party）。孟加拉国人民联盟成立于1949年，历史上多次执政，从2009年以来一直是执政党。孟加拉国国家党成立于1978年，是中间偏右的民族主义政党。该党曾经多次执政，但是在21世纪表现不佳，还曾经抵制过大选。孟加拉国的政坛有一个突出的特点是女性领导人表现出色。卡莉达·齐亚（Khaleda Zia）和谢赫·哈西娜（Sheikh Hasina）均出自政治家族，其从1991年至今主宰了孟加拉国的政坛。

三、巴基斯坦

巴基斯坦是多党制国家，国内政党众多。在国家层面活动的政党主要有三个：巴基斯坦人民党（Pakistan People's Party）、巴基斯坦穆斯林联盟-谢里夫派（Pakistan Muslim League-Nawaz）和巴基斯坦正义运动党（Pakistan Tehreek-e-Insaf）。1999—2008年，军队将领穆沙拉夫执掌政权，三个政党均无法参与国会大选。在穆沙拉夫迫于压力下台之后,巴基斯坦人民党领导的政党联盟在2008年成为执政党;巴基斯坦穆斯林联盟于2013年赢得大选上台执政;巴基斯坦正义运动党在2018年大选中获得了胜利,依姆兰·汗(Imran Khan)出任巴基斯坦总理。

巴基斯坦人民党成立于1967年,创始领袖是巴基斯坦已故总统佐勒菲卡尔·阿里·布托(Zulfikar Ali Bhutto),布托家族一直领导着巴基斯坦人民党。穆斯林联盟—谢里夫派成立于1988年,纳瓦兹·谢里夫(Nawaz Sharif)多次代表该党出任政府总理,使得谢里夫家族一直是穆斯林联盟的最主要领导人。巴基斯坦正义运动党成立于1996年,由板球运动员依姆兰·汗(Imran Khan)创立。布托家族和谢里夫家族是巴基斯坦政坛的两大家族,而巴基斯坦正义运动党的出现则打破了两大政治家族的均衡,形成了政坛的一股新势力。这是巴基斯坦政党政治进入21世纪以来发生的最大变化。

四、斯里兰卡

斯里兰卡曾经爆发过内战,交战双方是政府军和"泰米尔伊拉姆解放虎"组织(简称"猛虎")。在2009年,猛虎组织基本上被消灭,内战随之结束。今天的斯里兰卡是两党制国家。两个主要政党是斯里兰卡自由党(Sri Lanka Freedom Party)和统一国民党(United National Party)。统一国民党联合其他小党在2015年组成"为了善治"统一民族阵线(United National Front for Good Governance)。斯里兰卡自由党在2004年与其他小党组成统一人民自由联盟(United People's Freedom Alliance)。这两个政党联盟主要是竞争关系,但是自由党和统一国民党也有过多次合作的经历。印度对斯里兰卡政坛拥有巨大的影响力,也对斯里兰卡的政党政治产生了影响。在2018年,斯里兰卡曾经出现宪政危机,时任总理拉尼尔·维克拉马辛哈(Ranil Wickremesinghe)被免除总理职务,但是他拒绝承认新总理。尽管这一危机后来得到了解决,但是这表明斯里兰卡的政党政治并不成熟,未来也难免保证不会出现新的危机。

五、马尔代夫

马尔代夫是多党制国家,主要政党有马尔代夫进步党(Progressive Party of Maldives)、马尔代夫民主党(Maldivian Democratic Party)和共和党(Jumhooree Party)。穆蒙·阿卜杜勒·加尧姆(Maumoon Abdul Gayoom)曾经以总统的身份统治马尔代夫达30年,后来在2008年下台。从此,马尔代夫开始迎来政党政治的竞争时代。马尔代夫进步党于2011年创立,其意识形态为伊斯兰主义。马尔代夫民主党创立于2003年,信奉自由主义和保守主义的意识形态。共和党于2008年成立,意识形态比较多元。在2014年的议会大选中,马尔代夫进步党获胜。而在2019年议会大选中,马尔代民主党取得了一边倒的胜利,获得了87个议席中的65席;另外两个政党马尔代夫进步党与共和党则分别获得了5席。

六、尼泊尔

尼泊尔在20世纪后半叶是君主制国家。在20世纪末,因为不满执政当局的统治,尼泊尔共产党(毛主义中心)与政府爆发了内战。2006年,尼泊尔内战结束;2008年,君主政体被推翻,尼泊尔实行了议会共和国体制。从此,尼泊尔的政党政治进入一个新的历史纪元。尼泊尔政坛曾经有三个大党,分别是尼泊尔大会党(Nepali Congress)、尼泊尔共产党(联合马列)和尼泊尔共产党(毛主义中心)。在2018年,两个左翼政党——尼泊尔共产党(联合马列)和尼泊尔共产党(毛主义中心)宣布正式合并,组建新的尼泊尔共产党。这是尼泊尔政党政治发展史上的另一件大事。新成立的尼泊尔共产党是议会中的第一大党,执政优势明显。尼泊尔大会党是国会第二大党,也是最大的反对党。

七、不丹

不丹是多党制国家,主要政党包括不丹联合党(Bhutan United Party)、不丹和平与繁荣党(Bhutan Peace and Prosperity Party)和人民民主党(People's Democratic Party)等。不丹在20世纪实行君主制,直到2007年才开始推行宪政改革,2008年举行了第一次政党选举。在2008年大选中,亲王室的不丹和平与繁荣党赢得大选;在2013年的议会选举中,代表底层利益的人民民主党获胜,实现了政党轮替;在2018年的选举中,不丹联合党赢得了大选,再次实现了政党轮替。这说明不丹的政党政治还处于发展阶段,远未实现制度化。

第五节 中亚政党政治的地区情势

一、哈萨克斯坦

哈萨克斯坦是中亚地区最大的国家,其政党体制是一党主导制。该国最主要的政党是祖国之光（Nur Otan），成立于2006年。哈萨克斯坦在苏联解体之前是苏联加盟共和国，后来独立成一个由努尔苏丹·纳扎尔巴耶夫（Nursultan Nazarbayev）长期领导的国家。纳扎尔巴耶夫在哈萨克斯坦独立之前已经是加盟共和国的领导人，独立之后一直担任总统一职。但是在2019年，哈萨克斯坦国内多个城市出现了持续性的抗议活动。面对这些抗议，纳扎尔巴耶夫宣布辞去总统一职，但是他保留了祖国之光的领导人身份和国家安全委员会终身主席一职。有迹象表明，纳扎尔巴耶夫会演变为李光耀式的人物，即使不再担任名义上的国家领导人，但会是拥有最大政治影响力的国家领袖。

二、吉尔吉斯斯坦

吉尔吉斯斯坦是多党制国家。目前议会中的第一大党是社会民主党，该党成立于1993年。吉尔吉斯斯坦前总统阿尔马兹别克·阿坦巴耶夫（Almazbek Atambayev）和现任总统索隆拜·热恩别科夫（Sooronbay Jeenbekov）均来自社会民主党。该党的意识形态为社会民主主义，属于中间偏左的政党。该国其他政党包括吉尔吉斯斯坦党（Kyrgyzstan Party）与共和国-故乡党（Respublika-Ata Zhurt）。吉尔吉斯斯坦党成立于2015年，在吉尔吉斯斯坦的南部具有很强的支持基础。共和国-故乡党由共和国党和故乡党于2014年合并而成，该党在2015年对作为执政党的社会民主党形成了挑战。

三、土库曼斯坦

土库曼斯坦是国土面积仅次于哈萨克斯坦的第二大中亚

国家，是一党主导制国家。土库曼斯坦从苏联脱离成为独立国家之后，一直由土库曼斯坦民主党（Democratic Party of Turkmenistan）执政。该党成立于1991年，一直是议会第一大党，总统也出自该党。议会中允许其他政党存在，但是这些政党必须对土库曼斯坦民主党保持忠诚。

四、塔吉克斯坦

塔吉克斯坦是一党主导制国家。国内最主要的政党是塔吉克斯坦人民民主党（People's Democratic Party of Tajikistan），该党成立于1994年。塔吉克斯坦人民民主党自进入21世纪以来一直是执政党，且执政优势在不断扩大。国内的主要反对党是塔吉克斯坦共产党（Communist Party of Tajikistan），该党在21世纪初曾经是议会第二大党，但是现在在议会中的席位非常少，政治实力大减。

五、乌兹别克斯坦

乌兹别克斯坦是多党制国家，但其政党发展水平不高。国内最主要的政党是乌兹别克斯坦自由民主党（Uzbekistan Liberal Democratic Party）。乌兹别克斯坦前总统卡里莫夫于1991年上台，直到其2016年去世之前一直领导这个国家。所有政党都必须支持卡里莫夫的领导。现任总统沙夫卡特·米尔济约耶夫也来自自由民主党，之前在卡里莫夫的领导下长期担任政府总理。

第十二章 非洲政党政治的地区情势

非洲政党政治的发展历史较短,制度化水平不高,政党政治受到军事政变和政局不稳影响较大。因为很多非洲国家直到20世纪中叶才实现国家独立,所以政党出现的时间要比欧洲、美洲和亚洲国家晚得多。长期的殖民统治对非洲国家政治生活影响巨大,今天非洲很多国家的政党政治受到了前殖民统治制度遗产的影响。另外一个影响非洲政党政治的重要因素是种族和部落政治。因为很多非洲国家的社会结构比较传统,而政党政治是现代政治的产物,因此两者之间不可避免地会出现一些碰撞和磨擦。长期来看,非洲政党政治向制度化、稳定化和去殖民化目标发展还有很长的一段路要走。

第一节 北非政党政治的地区情势

一、埃及

埃及的政党政治发展以2011年为坐标。2011年之前是民族民主党(National Democratic Party)一党独大的政党体制,其他政党根本没有机会上台。该党的领导人穆巴拉克从1981年开始担任埃及总统,直到2011年埃及爆发大规模的反政府示威游行("阿拉伯之春")才下台。"阿拉伯之春"之后,埃及国内引入多党竞争,但是政局一直不太稳定。目前,埃及国内的政党势力可以分为宗教政党势力和世俗政党势力。宗教政党势力以自由和正义党(Freedom and Justice Party)为代表。该党与埃及国内的宗教势力穆斯林兄弟会关系密切,在2011年由后者组建,并且很快成为埃及影响力最大的政党。该党的执政地位在2013年的埃及军事政变中被推翻,自由和正义党和穆斯林兄弟会都被埃及当局解散,但是穆斯林兄弟会仍然在秘密运行。

在宗教政党势力遭受打击之后,埃及国内的世俗政党势力开始占据政治舞台的中心。目前国会中第一大党是自由埃及人党(Free Egyptians Party),该党成立于2011年,支持在埃及建立自由主义的世俗政治。另外一个重要的世俗政党是祖国未来党(Nation's Future Party),该党成立于2014年,拥有很多年轻党员,在政策主张上有民粹主义和激进主义倾向。目前该党也在经历转变,因为很多前民族民主党的成员加入了该党。埃及的政党政治将继续在世俗主义和宗教主义两种势力纠缠下向前发展。

二、苏丹

1989年,奥马尔·巴希尔(Omar al-Bashir)通过军事政变上台担任苏丹总统,他领导的政党全国大会党(National Congress)成为执政党。2018年以来,苏丹爆发大规模抗议示威活动,要求巴希尔下台。2019年,苏丹发生军事政变,军方领导人废黜了巴希尔,也废除了宪法。但是巴希尔的倒台是否就意味着苏丹政党政治新的篇章的开始？目前来看,苏丹政党政治的基础还比较薄弱,更大的可能是国家政局出现一段时间的不稳定。

三、南苏丹

南苏丹本来是苏丹的一部分,因为种族、资源和政治原因,南苏丹一直谋求独立。2005年,苏丹的南部建立了自治政府,在2011年根据《全面和平协定》,南苏丹正式宣布独立。在南苏丹独立运动的过程中,发挥领导性作用的政治组织是苏丹人民解放运动(Sudan People's Liberation Movement)。建国之后,该党成为南苏丹的执政党。但是苏丹人民解放运动内部派系斗争激烈,最终在建国不久就演化成了南苏丹的内战。虽然目前南苏丹的内战有缓和的迹象,但是问题的根源犹在——苏丹人民解放运动内部的派系根源在于三个种族部落间的复杂关系。如何调和不同种族部落之间的利益和关系对于维护南苏丹执政党的团结至关重要,对于维护南苏丹的政局稳定同样至关重要。

四、突尼斯

突尼斯的政治发展在2011年迎来了一个转折点。2011年爆发的"阿拉伯之春"运动导致本·阿里(Ben Ali)政权倒台,政党政治逐渐在突尼斯兴起。首先上台执政的是突尼斯复兴运动党(Ennahda Movement),该党脱胎于伊斯兰回归运动,成立于1981年。在本·阿里执政期间,宗教势力代表的复兴运动党很难有长足的发展,而在本·阿里倒台之后,该党获得了合法的身份。与复兴运动党形成对抗的是世俗势力的政党突尼斯呼声党(Call of Tunisia)。该党成立于2012年,在2014年的议会选举中击败复兴运动党成为第一大党。未来的突尼斯政坛将与一些北非国家一样被宗教势力和世俗势力共同裹挟。

五、阿尔及利亚

阿尔及利亚是一党独大政党体制国家。国内最大的政党是民族解放阵线(National Liberation Front)。该党成立于1954年,在2002年击败国内的伊斯兰势力结束内战之后一直担任执政党。该党领导人则担任阿尔及利亚总统一职,其他政党没有机会挑战民族解放阵线。另外一个重要的政党是民族民主联盟(Democratic National Rally)。民族民主联盟成立于1997年,是民族解放阵线的友党,一直支持阿尔及利亚总统。2019年是阿尔及利亚政党政治发展的一个转折点,上台20多年的老总统阿卜杜勒阿齐兹·布特弗利卡(Abdelaziz Bouteflika)因民众抗议正式下台,新的总统将会在今年选出。不管新总统是来自民族解放阵线还是其他政党,阿尔及利亚的政局都可能会出现新的波动,未来发展前景暂不明朗。

六、摩洛哥

摩洛哥是北非的一个君主制国家,现任国王是穆罕默德六世(Mohammed VI)。在2011年的"阿拉伯之春"运动爆发之后,摩洛哥国内也出现了民众抗议示威运动。穆罕默德六世决定在国内推行政治改革,通过限制自身权力和推行政党政治而建立一个君主立宪体制。这对于摩洛哥发展出成熟的政党政治是利好消息。现在国内政坛有三个大党:公正和发展党(Justice and Development Party)、独立党(Istiqlal Party)、真实性和现代性党(Authenticity and Modernity Party)。公正和发展党成立于1967年,该党曾经是国内最大的反对党,在2011年开始上台执政。事实上,摩洛哥的公正和发展党受到土耳其执政党——正义和发展党的影响很大。在意识形态上,公正和发展党信奉伊斯兰主义和伊斯兰民主。独立党成立于1937年,曾经担任过执政联盟的第一大党,现在是国会中的反对党。真实性和现代党成立于2008年,与摩洛哥皇室关系密切。

第二节 东非政党政治的地区情势

一、埃塞俄比亚

埃塞俄比亚是一党独大政党体制国家。目前的执政党是埃塞俄比亚人民革命民主阵线(Ethiopian People's Revolutionary Democratic Front)。该党成立于1988年,是为了反对时任领导人门格斯图·马里阿姆(Mengistu Mariam)的统治而组成的反对党联盟。在1991年门格斯图的统治被推翻之后,埃塞俄比亚人民革命民主阵线一直作为执政党至今。现任党主席阿比·阿里(Abiy Ali)42岁时成为埃塞俄比亚总理,创造了非洲国家领导人最年轻的纪录。

二、肯尼亚

肯尼亚原为英国的殖民地,在 1963 年获得国家独立。领导肯尼亚人民脱离英国统治的政党是肯尼亚非洲民族联盟(Kenya African National Union)。该党成立于 1960 年,并实现一党执政到 1991 年。肯尼亚在 1991 年改革政党体制,允许多党竞争之后,该党继续保持执政地位到 2002 年。在 2002 年的总统大选中,多个政党联合在一起组建全国彩虹联盟(National Rainbow Coalition),其推出的候选人在总统大选中击败了肯尼亚非洲民族联盟的候选人,当选为新一任总统,实现了政党轮替。

当前,肯尼亚执政党是朱比利党(Jubilee Party)。朱比利党的领导人是现任总统乌胡鲁·肯雅塔(Uhuru Kenyatta),他是肯尼亚第一任总统的儿子。现在肯尼亚国会中的第一大反对党是全国超级联盟(National Super Alliance)。这个政党联盟成立于 2017 年,目的就是反对现任肯尼亚总统乌胡鲁·肯雅塔。近期,执政党朱比利党的内斗升级,很可能会导致政党的分裂,从而危及该党的执政地位。

三、坦桑尼亚

坦桑尼亚是一党独大政党体制国家。现在的执政党是坦桑尼亚革命党(Party of the Revolation),该党成立于 1977 年。在 1992 年,坦桑尼亚修改了宪法,允许坦桑尼亚革命党之外的其他政党活动。但是在之后的历次选举中,依然没有政党能够撼动坦桑尼亚革命党的执政地位。该党在早期支持非洲社会主义,现在更加倾向于社会民主主义。

四、布隆迪

布隆迪的国内政治主要围绕着种族关系展开。在布隆迪,两大种族是图西族和胡图族,其中,胡图族占80%以上,而图西族是少数民族。代表胡图族利益的保卫民主全国委员会-保卫民主力量(National Council for the Defense of Democracy-Forces for the Defense of Democracy)从2005年登记为政党以来一直是布隆迪的执政党,该党前领导人皮埃尔·恩库伦齐扎(Pierre Nkurunziza)从2005年担任总统一职至今。在2015年,一些军人曾发动政变试图阻止恩库伦齐扎的第三个任期。在政变失败之后,恩库伦齐扎开始了第三个总统任期,但是他曾经表态在2020年任期结束之后不寻求连任。鉴于布隆迪国内紧张的种族关系,2020年的大选会成为一个新的转折点。

五、乌干达

乌干达是一党独大政党体制国家。国内的执政党也是主要政党是全国抵抗运动组织(National Resistance Movement)。该党成立于1986年,是随着反对前领导人的武装斗争胜利而建立的政党。该党的意识形态偏右,民主主义和保守主义色彩浓厚。全国抵抗运动的领导人约韦里·穆塞韦尼(Yoweri Museveni)一直担任乌干达总统。乌干达国内一直存在反对党,但是反对党的势力普遍较小。其中,最大的反对党是民主变革论坛(Forum for Democratic Change),该党成立于2004年,支持自由民主主义和世俗主义。民主变革论坛的总统候选人多次在选举中挑战穆塞韦尼，但是均以失败告终。因为有报道指出存在选举舞弊，该国大选的公平性一直存疑。

六、卢旺达

卢旺达最为世人所熟知的恐怕是骇人的卢旺达大屠杀。卢旺达国内最大的种族是胡图族，而图西族是少数民族。1994年，胡图族政权对图西族进行种族大屠杀，致使几十万人在100天里死亡。在20世纪80年代，很多卢旺达的难民加入了乌干达的全国抵抗运动，在军队中担任了很多职位。后来这些人在1987年成立了卢旺达爱国阵线，寻求重返卢旺达。在1994年的大屠杀之后，卢旺达爱国阵线（Rwan dan Patriotic Front）成功夺权，并且此后一直担任执政党。卢旺达爱国阵线的统治非常稳固，并且会借用一些政治手段确保只有对政府友好的人士才能参加竞选。

第三节 西非政党政治的地区情势

一、毛里塔尼亚

1991年，毛里塔尼亚开始实行多党制，直到2005年军事政变发生前，由民主社会共和党（Democratic and Social Republican Party）执政。2005年军事政变发生之后，毛里塔尼亚的政党政治更加多元化，政党竞争加剧。现在毛里塔尼亚的执政党是争取共和联盟（Union for the Republic）。该党成立于2009年，一直执政至今。

二、塞内加尔

塞内加尔是多党制国家,但是国内政坛被两个政党联盟所左右。2000—2012 年执政的政党是塞内加尔民主党(Senegalese Democratic Party)。该党成立于 1974 年,支持自由主义的意识形态。阿卜杜拉耶·瓦德(Abdoulaye Wade)一直担任塞内加尔民主党的领导人,并且担任了 12 年总统。在 2012 年的总统大选中,瓦德昔日的同事、民主党前领袖麦基·萨勒(Macky Sall)作为争取共和联盟(Alliance for the Republic)的候选人赢得了大选,担任总统至今。争取共和联盟成立于 2008 年,是萨勒离开民主党之后组建的新政党。该党目前是执政集团团结在希望联盟(United In Hope Coalition)中最大的政党,在国民议会中占据支配性地位。与很多非洲国家一样,塞内加尔的政党政治个人化色彩很浓厚,政治家能够起到支配性的作用。

三、马里

马里的政党政治一直受到军事政变的影响。穆萨·特拉奥雷(Moussa Traoré)通过军事政变上台,并且在马里实行一党制,限制其他政党的活动。多个政治组织为了反对特拉奥雷的统治,在 1990 年成立了非洲团结正义党(Alliance for Democracy in Mali-Pan-Africa for Liberty, Solidarity and Justice)。特拉奥雷于 1991 年被军事政变赶下台之后,非洲团结正义党在 20 世纪 90 年代成为执政党,不过该党在 21 世纪不断衰落。阿马杜·图马尼·杜尔(Amadou Toumani Touré)在 2002 年成为马里总统,但在 2012 年的军事政变中,他被军方赶下台。在2013年的总统选举中,来自马里联盟党(Rally for Mali)的易卜拉欣·凯塔(Ibrahim Keïta)赢得大选成为马里总统。马里联盟党成立于2001年,一直由凯塔担任领导人。该党坚持社会民主主义,属于中间偏左的政党。

四、布基纳法索

布基纳法索的政党政治正处于转折期。2014年,担任总统长达27年的布莱斯·孔波雷(Blaise Compaoré)因为民众抗议而辞去总统职位,流亡他国。孔波雷长期担任争取民主和进步大会(Congress for Democracy and Progress)的领导人。该党成立于1996年,在2014年之前一直是执政党。布基纳法索现在的执政党为人民进步运动党(People's Movement for Progress)。该党成立于2014年,由争取民主和进步大会前领导人马克·卡波雷(Marc Kaboré)创建,他本人也从2015年开始就任布基纳法索总统一职。在未来,布基纳法索能否走向成熟的政党政治还未可知。

五、几内亚

几内亚的政党政治发展水平较低。兰萨纳·孔德(Lansana Conté)自1984年通过军事政变上台以来,一直担任总统,直到其2008年去世。2008年起,几内亚开始发展政党政治。在2010年的总统大选中,几内亚人民联盟(Guinean People's Assembly)的阿尔法·孔戴(Alpha Condé)获胜开始出任总统一职。几内亚人民联盟成立于1963年,在1992年获得合法身份,目前是几内亚第一大党和执政党。孔戴作为几内亚人民联盟的领导人,坚持政治斗争几十年,为他赢取了"几内亚曼德拉"的美誉。2011年,上任不到一年的孔戴在私人住所遭遇军人谋杀,险些丧命。虽然随后他对军队进行了整肃,但是这一事件说明军人干政在几内亚仍然是一个问题。几内亚主要的反对党是几内亚民主力量同盟(Union of Democratic Forces of Guinea)。该党于1991年成立,支持自由主义的意识形态。

六、塞拉利昂

塞拉利昂是一个两党制国家。国内的两个主要老牌政党分别是塞拉利昂人民党(Sierra Leone People's Party)和全国人民大会党(All People's Congress)。塞拉利昂人民党成立于1951年,坚持社会民主主义和民族主义的意识形态。该党在20世纪后半叶与全国人民大会党交替执政。进入21世纪,人民党的执政地位在2007年丧失。全国人民大会党成立于1962年,是从人民党分裂出来的。全国人民大会党于2007年上台,并在2018年失去了执政地位。塞拉利昂现在的执政党是人民党。从目前来看,塞拉利昂的两党制非常稳固,政党轮替的过程平稳有序。

七、利比里亚

利比里亚长期内部动荡不安,在2005年之后逐渐稳定下来。尽管利比里亚是一个很落后的非洲小国,但是却产生了一些在世界上享有盛誉的政治人物。

利比里亚国内有两大政党和一些小党。第一个主要政党是民主变革联盟(Coalition for Democratic Change)。该党成立于2004年,是由乔治·维阿(George Weah)的支持者创建的政党。第二个主要政党是团结党(Unity Party),成立于1984年。在2005年的总统大选中,来自团结党的候选人埃伦·约翰逊·瑟利夫(Ellen Johnson Sirleaf)击败维阿当选为总统。她成为非洲历史上第一位民选出来的女总统,并在2011年获得了诺贝尔和平奖。而在2017年的总统选举中,民主变革联盟的候选人乔治·维阿获胜,从2018年担任利比里亚总统。

维阿是一位专业足球运动员,是世界足球先生和欧洲与非洲足球先生。他在足球领域取得的成绩使得他成为利比里亚家喻户晓的人物。维阿当选为总统也让他成为世界上第一个出身于足球运动员的国家领导人。运动员出身的维阿有着强烈的建设国家的心愿,而他能否实现治国理政的目标值得关注。

八、加纳

加纳是两党制国家。国内两大政党分别为全国民主大会党(National Democratic Congress)和新爱国党(New Patriotic Party)。全国民主大会党成立于1992年,是中间偏左的政党。新爱国党也成立于1992年,属于中间偏右的政党。两党在加纳交替执政,形成了稳定的两党制。

九、尼日尔

尼日尔是多党制国家。该国的政党政治曾经在2009年遭遇重大危机。2009年,即将在2010年完成两个总统任期的国家领导人坦贾·马马杜(Tandja Mamadou)谋求修改宪法实现第三个任期执政。此举遭到了广泛的反对,军方在 2010 年发动政变,囚禁了马马杜。随后在 2011 年的大选中,来自尼日尔争取民主和社会主义党(Nigerien Party for Democracy and Socialism)的穆罕默杜·伊素福(Mahamadou Issoufou)成功当选新一任总统,至此,尼日尔的政党危机终告解决。这一事件表明,尼日尔的军方是维护本国政治稳定的坚定力量,为尼日尔政党政治的健康发展打下了牢固的基础。

十、尼日利亚

尼日利亚是非洲人口最多的国家,也是非洲最大的经济体。目前国内有两大政党。其中之一是人民民主党(People's Democratic Party)。该党成立于 1998 年,从 1999 年到 2015 年一直是尼日利亚的执政党。在 2015 年的大选中,人民民主党败给了全体进步大会党(All Progressives Congress)。全体进步大会党是由多个反对人民民主党的政党组成的政党联盟,成立于 2013 年。因为 2015 年的整个政党轮替过程非常平稳,没有发生动乱,该事件在尼日利业史上具有里程碑意义。健康发展的政党政治有助于推动尼日利亚的进一步发展。

第四节 中非政党政治的地区情势

一、乍得

乍得是一党独大政党体制国家。伊德里斯·代比(Idriss Déby)于 1990 年通过军事政变开始担任乍得总统。2018 年,他扩大了总统的权力,确保他能够长期执政。他领导的政党爱国拯救运动(Patriotic Salvation Movement)于 1990 年成立,一直是国内的执政党。

二、喀麦隆

喀麦隆是一党独大政党体制国家。国内的执政党是喀麦隆人民民主运动(Cameroon People's Democratic Movement)。该党成立于 1960 年,自喀麦隆独立之后一直是国内的执政党,没有其他政党能够撼动其领导地位。喀麦隆现任总统保罗·比亚(Paul Biya)从 1982 年担任现职至今。

三、加蓬

加蓬是一党独大政党体制国家。加蓬民主党(Gabonese Democratic Party)从 1968 年到 1990 年是加蓬国内唯一的政党。在 1990 年之后,尽管存在其他政党,但是加蓬民主党依然是占据主导地位的政党,没有其他政党能够撼动它的领导地位。

四、刚果(布)

刚果(布)独立之后的主要政党是刚果劳动党(Congolese Party of Labour)。该党成立于 1969 年,最初是马克思列宁主义政党,在苏联解体之后转型为左翼的民主社会主义政党。进入 21 世纪,该党在国内的执政优势愈发明显。现任党主席德尼·萨苏-恩格索(Denis Sassou-Nguesso)从 1997 年担任总统至今。

第十二章 非洲政党政治的地区情势

第五节 南非政党政治的地区情势

一、南非

南非是非洲地区举足轻重的国家。在历史上，南非曾经实行种族隔离制度，后来这一制度被推翻。1994年之后，南非的发展进入了一个新纪元。对结束种族隔离制度作出巨大贡献的非洲人国民大会（African National Congress，简称"非国大"）成为执政党，并且一直保持了一党独大的优势。

在一党独大制的国家，政党政治的最核心问题就是执政党的命运。非国大执政20多年来，开始陷入支持率不断下跌的困境之中。造成这种局面的原因很多，既有党内的原因，也有党外的原因，其中最主要的还是党内的原因。首先，该党高层的腐败丑闻导致本党形象受损，民众哗然。非国大以维护中下阶层利益起家，而腐败问题恰恰是底层最为深恶痛绝的政治问题。近年来，党内领导人多次被爆出腐败行为，致使党内干部和支持者深感失望。其次，非国大在发展经济方面政策乏力。通过发展经济不断提高人民的获得感，才能获得广泛的民众支持。然而南非经济发展乏力，失业率居高不下，尤其是年轻人失业问题更是困扰着当局。加之近年来外来移民涌入南非，激化了固有的社会矛盾，导致民众暴力抗议和排外事件明显增多。最后，西方国家对南非反对派的支持给执政党带来了挑战。西方的舆论界利用非国大的腐败丑闻和党内不满情绪，掀起多次反对浪潮，对执政党产生了一定的冲击。

在2019年的大选中,非国大的投票支持率进一步下滑,但还是获得了57%的选票,赢得了230个议会席位。反对党民主联盟(Democratic Alliance)的支持率也有一定程度的下滑,议会席位为84个。在本届大选中,经济自由斗士(Economic Freedom Fighters)的进步明显,获得了44个议会席位。南非的议会席位一共是400个,目前,非国大勉强保住了自己的多数优势。但是非国大不能总打"革命牌"和"种族牌",尽管拥有结束种族隔离制度的历史遗产,但是"政绩牌"对于长期执政才是最重要的。如果非国大不能提振国内经济,解决国内诸多问题,很可能会在下一次大选中失去议会多数的地位。反对党可以组成少数政府,从而结束非国大的长期执政。

二、赞比亚

赞比亚是一党独大政党体制国家。从20世纪90年代到2011年,国内的执政党是多党民主运动(Movement for Multi-Party Democracy)。该党成立于1990年,支持社会民主主义的意识形态。在2001年,很多成员脱离多党民主运动,建立了爱国阵线(Patriotic Front)。爱国阵线从2011年赢得大选以来一直是执政党,而多党民主运动则不断衰败。目前,国会中的第二大党是国家发展联合党(United Party for National Development)。该党成立于1998年,也是由脱离多党民主运动的成员组成的。国家发展联合党发展势头较好,在未来有可能在总统大选中挑战爱国阵线,实现政党轮替。

三、安哥拉

安哥拉于 1975 年脱离葡萄牙的殖民统治成为一个独立国家。在 1975 年以后,安哥拉的执政党一直是安哥拉人民解放运动(People's Movement for the Liberation of Angola)。该党成立于 1956 年,领导了反对殖民统治的独立运动。何塞·爱德华多·多斯桑托斯(José Eduardo dos Santos)作为该党的领导人,从 1979 年到 2017 年担任安哥拉总统。该党现任主席是若昂·洛伦索(João Lourenço),他于 2017 年就任安哥拉总统一职。尽管安哥拉人民解放运动能够一直执政,安哥拉国内也有反对党。其中最大的反对党是争取安哥拉彻底独立全国联盟(National Union for the Total Independence of Angola)。该党成立于 1966 年,在历史上是左翼政党,但是现在已经转向右翼,支持保守主义。

四、津巴布韦

津巴布韦在 1980 年独立之后的执政党一直是津巴布韦非洲民族联盟-爱国阵线(Zimbabwe African National Union-Patriotic Front)。该党的前领导人是罗伯特·穆加贝(Robert Mugabe)。穆加贝从 1987 年到 2017 年担任津巴布韦总统。在穆加贝统治后期,执政党内部的派系为了争夺权力斗争激烈。穆加贝的妻子格蕾丝为了成为总统继任人,有意排挤和打压时任副总统埃默森·姆南加古瓦(Emmerson Mnangagwa)。而在 2017 年,支持姆南加古瓦的军人发动政变,扣押了穆加贝。之后,穆加贝同意下台,姆南加古瓦成为执政党第一书记和津巴布韦总统。值得一提的是,姆南加古瓦与中国渊源颇深。他年轻时曾被派到中国接受军事训练，后来也多次来华访问，对中国非常友好。

五、马拉维

马拉维是一党独大政党体制国家。在20世纪90年代，国内最主要的政党是联合民主阵线（United Democratic Front）。进入21世纪以来，从联合民主阵线脱党出来的成员组建了新的政党民主进步党（Democratic Progressive Party）。民主进步党从2005年成立之后赢得了历次国家大选。另外一个大党是马拉维大会党（Malawi Congress Party），该党成立于1959年。尽管该党从未赢得大选，但是在议会选举和总统选举中，该党与执政党民主进步党的差距在逐步缩小。在未来，马拉维有可能实现政党轮替，从一党独大体制转变为两党制。

六、莫桑比克

莫桑比克是一党独大政党体制国家。在1994年实行多党制以来，莫桑比克解放阵线（Mozambique Liberation Front）每次均赢得大选，成为执政党。该党成立于1962年，成立之初是为了争取民族独立，摆脱殖民统治。该党曾经短暂支持马克思列宁主义，现在的意识形态主要是民主社会主义。莫桑比克的主要反对党是莫桑比克全国抵抗运动（Mozambican National Resistance）。它成立于1975年，起初是为了对抗共产主义在莫桑比克的发展。现在该党的意识形态为民族主义和右翼民粹主义。该党在议会中和议会外都有能力挑战执政党。尽管在大选中没有成功夺权，但是该党利用自己的武装力量与政府军时有摩擦。

七、博茨瓦纳

博茨瓦纳是一党独大政党体制国家。博茨瓦纳的主要政党是博茨瓦纳民主党(Botswana Democratic Party),该党成立于1961年,从博茨瓦纳独立之后一直成为执政党,没有间断过。博茨瓦纳现任总统为莫克维齐·马西西(Mokgweetsi Masisi),他曾经于2017—2018年担任党主席。现任党主席是斯伦伯·措格瓦内(Slumber Tsogwane)。按照博茨瓦纳的政治传统,民主党的党主席兼任国家副总统。与很多非洲国家不同,博茨瓦纳在独立之后发展良好,政治比较稳定,民主党的长期执政为国家带来了积极的作用。在未来,其他政党依然很难有机会挑战民主党的执政地位。

八、纳米比亚

纳米比亚是一党独大政党体制国家。1990年,非洲最后一块殖民地获得独立,这片土地上产生的国家叫作纳米比亚。当时领导人民反抗殖民统治的西南非洲人民组织(South West Africa People's Organisation)后来成为执政党,并且一直执政至今。西南非洲人民组织成立于1960年,支持非洲民族主义和社会民主主义。该党现任领导人哈格·戈特弗里德·根哥布(Hage Gottfried Geingob)于2015年3月就职纳米比亚第三任总统(即现任总统)。

主要参考文献

[中文文献]

柴宝勇:《政党发展:含义、视角及趋势》,《当代世界与社会主义》2011年第5期。

胡税根、王汇宇:《智慧政府治理的概念、性质与功能分析》,《厦门大学学报(哲学社会科学版)》2017年第3期。

贾开、蒋余浩:《人工智能治理的三个基本问题:技术逻辑、风险挑战与公共政策选择》,《中国行政管理》2017年第10期。

李洋、臧秀玲:《对卡特尔政党理论的批判性再思考》,《国外社会科学》2018年第6期。

聂平平、武建强:《西方政党适应性问题理论述评》,《新视野》2010年第4期。

庞金友:《AI治理:人工智能时代的秩序困境与治理原则》,《人民论坛》2018年第10期。

孙景峰、陈倩琳:《政党形象:概念、意义与建设路径》,《探索》2013年第3期。

王庆兵:《试析政党认同的功能与构建途径》,《广西社会科学》2004年第8期。

王韶兴:《政党政治与政党制度论》,《政治学研究》2000年第4期。

闻丽:《科层化:科层制组织的理性与非理性》,《理论月刊》2005年第12期。

向文华:《西方全方位政党理论:争论与评价》,《教学与研究》2018年第8期。

徐锋:《现代政党治理刍论》,《当代世界与社会主义》2004年第1期。

杨光斌:《制度变迁中的政党中心主义》,《西华大学学报》(哲学社会科学版)2010年第2期。

俞祝良:《人工智能技术发展概述》,《南京信息工程大学学报》(自然科学版)2017年第3期。

张光平:《西方发达国家政党运用互联网推进电子党务》,《当代世界》2007年第5期。

张世鹏:《从德国看欧洲政党政治制度的危机与改革前景》,《当代世界与社会主义》2002年第2期。

张小劲:《关于政党组织嬗变问题的研究:综述与评价》,《欧洲》2002年第4期。

赵汀阳:《天下究竟是什么?——兼回应塞尔瓦托·巴博纳斯的"美式天下"》,《西南民族大学学报》(人文社科版)2018年第1期。

柴宝勇:《政党政治的概念、框架与实践——建构有中国特色的政党政治》,中国社会科学出版社2016年版。

柴尚金:《变革中政党:国内外政党建设的经验与教训》,经济科学出版社2013年版。

陈俊:《政党与立法问题研究:借鉴与超越》,人民出版社2008

年版。

高奇琦:《人工智能:驯服赛维坦》,上海交通大学出版社2018年版。

何勤华:《现代西方的政党、民主与法治》,法律出版社2010年版。

李路曲:《政党政治与政治发展》,中央编译出版社2016年版。

林尚立:《日本政党政治》,上海人民出版社2016年版。

牛旭光:《政党政治与民主问题研究》,中国人民大学出版社2014年版。

唐鸣、俞良早:《共产党执政与社会主义建设:原苏东国家工人阶级政党执政的历史经验》,人民出版社2008年版。

王长江:《政党论》,人民出版社2009年版。

余科杰:《政党学概论》,世界知识出版社2015年版。

周淑真:《政党和政党制度比较研究》,人民出版社2013年版。

朱昔群:《政党科学与政党政治科学化》,中央编译出版社2015年版。

祝灵君、郭玥:《全球化视野下五国执政党的比较研究》,人民出版社2017年版。

[英文文献]

Albright, Jeremy, "The Multidimensional Nature of Party Competition", *Party Politics*, 2010, 16(6), pp.699-719.

Benoit, Kenneth, and Michael Laver, "Estimating Party Policy Positions: Comparing Expert Surveys and Hand-Coded Content Analysis", *Electoral Studies*, 2007, 26

(1), pp.90-107.

Berman, Sheri, "Civil Society and the Collapse of the Weimar Republic", *World Politics*, 1997, 49(3), pp.401-429.

Bértoa, Fernando, "Party Systems and Cleavage Structures Revisited: A Sociological Explanation of Party System Institutionalization in East Central Europe", *Party Politics*, 2014, 20(1), pp.16-36.

Cardenal, Ana, "Why Mobilize Support Online? The Paradox of Party Behaviour Online", *Party Politics*, 2013, 19(1), pp.83-103.

Chandra, Kanchan, "What is An Ethnic Party?" *Party Politics*, 2013, 17(2), pp.151-169.

Chhibber, Pradeep, "Dynastic Parties: Organization, Finance and Impact", *Party Politics*, 2013, 19(2), pp.277-295.

Cross, William, and Andre Blais, "Who Selects the Party Leader?", *Party Politics*, 2012, 18(2), pp.127-150.

Dalton, Russell, "Partisan Mobilization, Cognitive Mobilization and the Changing American Electorate", *Electoral Studies*, 2007, 26(2), pp.274-286.

Ennser, Laurenz, "The Homogeneity of West European Party Families: The Radical Right in Comparative Perspective, *Party Politics*, 2012, 18(2), pp.151-171.

Enyedi, Zsolt, "The Social and Attitudinal Basis of Political Parties: Cleavage Politics Revisited",

European Review, 2008, 16(3), pp.287-304.

Farrell, Henry, "The Consequences of the Internet for Politics", *Annual Review of Political Science*, 2012, pp. 35-52.

Featherstone, Kevin, "Jean Monnet and the 'Democratic Deficit' in the European Union", *JCMS (Journal of Common Market Studies)*, 1994, 32(2), pp.149-170.

Fukuyama, Francis, "America in Decay: The Sources of Political Dysfunction", *Foreign Affairs*, 2014, 93(5), pp.5-8.

Gibson, Rachel, and Stephen Ward, "UK Political Parties and the Internet: 'Politics as Usual' in the New Media?", *Harvard International Journal of Press/Politics*, 1988, 3(3), pp.14-38.

Golosov, Grigorii, "The Effective Number of Parties A New Approach", *Party Politics*, 2010, 16(2), pp.171-192.

Grzymala-Busse, Anna, "Why There Is (Almost) No Christian Democracy in Post-Communist Europe", *Party Politics*, 2013, 19(2), pp.319-342.

Ishiyama, John, and Marijke Breuning, "What's in a Name? Ethnic Party Ddentity and Democratic Development in Post-Communist Politics", *Party Politics*, 2011, 17(2), pp.223-241.

Ishiyama, John, "Ethnic Parties: Their Emergence and Political Impact", *Party Politics*, 2011, 17(2), pp.

147-149.

Katz, Richard, and Peter Mair, et al., "The Membership of Political Parties in European Democracies, 1960-1990", *European Journal of Political Research*, 1992, 22(3), pp.329-345.

Katz, Richard, and Peter Mair, "Changing Models of Party Organization and Party Democracy: The Emergence of the Cartel Party", *Party Politics*, 1995, 1(1), pp.5-28.

Kittilson, Miki, "Women, Parties and Platforms in Post-Industrial Democracies", *Party Politics*, 2011, 17(1), pp.66-92.

Kuenzi, Michelle, and Gina Lambright, "Who Votes in Africa? An Examination of Electoral Participation in 10 African Countries", *Party Politics*, 2011, 17(6), pp.767-799.

LaPalombara, Joseph, "Reflections on Political Parties and Political Development, Four Decades Later", *Party Politics*, 2007, 13(2), pp.141-154.

Loxbo, Karl, "The Fate of Intra-Party Democracy: Leadership Autonomy and Activist Influence in the Mass Party and the Cartel Party", *Party Politics*, 2013, 19(4), pp.537-554.

Mair, Peter, and Cas Mudde, "The Party Family and Its Study", *Annual Review of Political Science*, 1998, pp.211-229.

Mair, Peter, and Ingrid van Bezen, "Party Membership in Twenty European Democracies, 1980–2000", *Party Politics*, 2001, 7(1), pp.5-21.

Markowski, Radoslaw, and Joshua Tucker, "Euroscepticism and the Emergence of Political Parties in Poland", *Party Politics*, 2010, 16(4), pp.523-548.

Meguid, Bonnie, "Competition between Unequals: The Role of Mainstream Party Strategy in Niche Party Success", *American Political Science Review*, 2005, 99(3), pp.347-359.

Mershon, Carol, "The Costs of Coalition: Coalition Theories and Italian Governments", *American Political Science Review*, 1996, 90(3), pp.534-554.

Meyer, Thomas, and Bernhard Miller, "The Niche Party Concept and Its Measurement", *Party Politics*, 2015, 21(2), pp.259-271.

Meyer, Thomas, and Markus Wagner, "Mainstream or Niche? Vote-Seeking Incentives and the Programmatic Strategies of Political Parties", *Comparative Political Studies*, 2013, 46(10), pp.1246-1272.

Michelson, Melissa, "Meeting the Challenge of Latino Voter Mobilization", *The Annals of The American Academy of Political and Social Science*, 2005, 601(1), pp.85-101.

Morse, Anson, "What Is a Party?", *Political Science Quarterly*, 1896, 11(1), pp.68-81.

Mudde, Cas, "Fighting the System? Populist Radical Right Parties and Party System Change", *Party Politics*, 2004, 20(2), pp.217-226.

Nwokora, Zim, "The Distinctive Politics of Campaign Finance Reform", *Party Politics*, 2014, 20(6), pp.918-929.

Schmidt, Vivien, "Discursive Institutionalism: The Explanatory Power of Ideas and Discourse", *Annual Review of Political Science*, 2008, pp.303-326.

Seward, Michael, "Making Representations: Modes and Strategies of Political Parties", *European Review*, 2008, 16(3), pp.271-286.

Sikk, Allan, "Newness as A Winning Formula for New Political Parties", *Party Politics*, 2012, 18(4), pp.465-486.

Smith, Jennifer, "Campaigning and the Catch-All Party: The Process of Party Transformation in Britain", *Party Politics*, 2009, 15(5), pp.555-572.

Tkach-Kawasaki, Leslie, "Politics @ Japan: Party Competition on the Internet in Japan", *Party Politics*, 2003, 9(1), pp.105-123.

Turing, Alan, "Computing Machinery and Intelligence", *Mind*, 1950, 59(236), pp.433-460.

van Biezen, Ingrid, and Petr Kopecký, "The Cartel Party and the State Party-State Linkages in European Democracies", *Party Politics*, 2014, 20(2), pp.170-

182.

van Biezen, Ingrid, and Thomas Poguntke, "The Decline of Membership-Based Politics", *Party Politics*, 20(2), 2014, pp.205-216.

van Biezen, Ingrid, et al., "Going, Going,... Gone? The Decline of Party Membership in Contemporary Europe", *European Journal of Political Research*, 2012, 51(1), pp.24-56.

Veenendaal, Wouter, "How Democracy Functions without Parties: The Republic of Palau", *Party Politics*, 2016, 22(1), pp.27-36.

Whiteley, Paul, "Is the Party Over? The Decline of Party Activism and Membership across the Democratic World", *Party Politics*, 2011, 17(1), pp.21-44.

Aldrich, John, *Why Parties: A Second Look?*, The University of Chicago Press, 2011.

Butler, David, and Austin Ranney, eds., *Electioneering: A Comparative Study of Continuity and Change*, Clarendon Press, 1992.

Chadwick, Andrew, and Philip Howard, eds., *Routledge Handbook of Internet Politics*, Taylor & Francis, 2010.

Cross, William, and Richard Katz, eds., *The Challenges of Intra-Party Democracy*, Oxford University Press, 2013.

Dalton, Russell, *Democratic Challenges, Democratic Choices: The Erosion of Political Support in Advanced

Industrial Democracies, Oxford University Press, 2014.

Downs, Anthony, *An Economic Theory of Democracy*, Harper and Row, 1957.

Katz, Richard, and William Crotty, eds., *Handbook of Party Politics*, Sage, 2006.

Katz, Richard, *Democracy and Elections*, Oxford University Press, 1997.

LaPalombara, Joseph, and Myron Weiner, eds., *Political Parties and Political Development*, Princeton University Press, 1966.

Lipset, Seymour, and Stein Rokkan, eds., *Party Systems and Voter Alignments: Cross-National Perspectives*, Free Press, 1967.

Michels, Robert, *Political Parties: A Sociological Study of the Oligarchical Tendencies of Modern Democracy*, Free Press, 1968.

Sartori, Giovanni, *Parties and Party Systems: A Framework for Analysis*, ECPR Press, 2005.

Schlesinger, Joseph, *Political Parties and the Winning of Office*, University of Michigan Press, 1994.

图书在版编目(CIP)数据

21世纪国外政党政治研究:理论、前沿与情势/张春满著. —上海:复旦大学出版社,
2019.11(2021.7 重印)
ISBN 978-7-309-14639-4

Ⅰ.①2… Ⅱ.①张… Ⅲ.①政党-政治制度-研究-国外 Ⅳ.①D564

中国版本图书馆 CIP 数据核字(2019)第 218109 号

21 世纪国外政党政治研究:理论、前沿与情势
21 SHIJI GUOWAI ZHENGDANG ZHENGZHI YANJIU:LILUN QIANYAN YU QINGSHI
张春满 著
责任编辑/孙程姣

复旦大学出版社有限公司出版发行
上海市国权路 579 号 邮编: 200433
网址: fupnet@fudanpress.com http://www.fudanpress.com
门市零售: 86-21-65102580 团体订购: 86-21-65104505
出版部电话: 86-21-65642845
上海崇明裕安印刷厂

开本 890×1240 1/32 印张 9.125 字数 188 千
2021 年 7 月第 1 版第 2 次印刷

ISBN 978-7-309-14639-4/D·1011
定价: 46.00 元

如有印装质量问题,请向复旦大学出版社有限公司出版部调换。
版权所有 侵权必究